正しい
マラソン

どうすれば走り続けられるか?
タイムを縮めるロジックとは?

金 哲彦/編著

山本正彦
河合美香
山下佐知子/著

編著者プロフィール

金 哲彦（きん てつひこ）

1964年、福岡県北九州市生まれ。早稲田大学時代に箱根駅伝で活躍し、区間賞を2度獲得。大学卒業後、リクルートに入社し、1987年に別府大分毎日マラソンで3位入賞。現役引退後は、小出義雄監督とともに有森裕子、高橋尚子などの選手を育てる。現在は、オリンピック選手から市民ランナーまで、幅広い層から厚い信頼を集めるプロ・ランニングコーチとして人気を博している。テレビやラジオでは、競技中継の解説者としてもおなじみ。NPO法人ニッポンランナーズ理事長。

著者プロフィール

山本正彦（やまもと まさひこ）

1966年、神奈川県横浜市生まれ。群馬大学大学院修了、順天堂大学大学院を経て、東京工芸大学准教授。高校時代からの陸上競技経験もいかし、上智大学や関東学院大学の陸上競技部などチームのコーチ、実業団のトレーニングアドバイザーなどを経験。現在は、大学で教鞭をとるかたわら多くのランナーの体力測定を実施し、科学的な側面からサポートを続けている。専門は運動生理学、コーチ学。日本陸上競技連盟一般普及部委員。

河合美香（かわい みか）

1967年、京都府京都市生まれ。千葉県船橋市立船橋高等学校時代に、当時教員であった小出義雄氏に師事し、全国高校総体や国民体育大会で活躍。筑波大学卒業後、リクルートに入社して同社ランニングクラブに所属し、小出監督に再び指導を受ける。1996年に筑波大学大学院修了、びわこ成蹊スポーツ大学専任講師などを経て、現在は龍谷大学法学部准教授。専門はスポーツ栄養学。京都府スポーツ振興審議会委員。

山下佐知子（やました さちこ）

1964年生まれ、鳥取県出身。鳥取大学卒業後、京セラに入社し、1991年に名古屋国際女子マラソンで優勝、1992年にバルセロナオリンピック女子マラソンで4位入賞を果たすなど、世界の舞台で活躍する。現役引退後は、第一生命グループ女子陸上競技部監督として、尾崎好美（第30回東京国際女子マラソン優勝、ロンドンオリンピック・女子マラソン日本代表）、田中智美（リオデジャネイロオリンピック・女子マラソン日本代表）らを指導。全国高校駅伝の実況解説者としての姿を知る人も多い。

本文デザイン・アートディレクション：**エストール**
イラスト：**dackQ**
校正：**曽根信寿**

はじめに

　なぜマラソンはこんなに楽しいのだろう？

　最近、マラソンを走るたびにそう思う。もちろん、実際は30kmを過ぎると体はつらいし、足も痛い。40kmを越えてフィニッシュが近づくと、「あー、苦しい時間がやっと終わる」と安堵するような気持ちになる。
　その一方で、「こんなに楽しい時間が終わってしまうのはもったいない」と、まるで子どものような気持ちになるのだ。体はつらいのに心が走りたがっているから不思議である。

　2007年に東京マラソンがスタートしてから、10年ほどが経過した。この間、国内のマラソン人口は爆発的に増えた。ランニング人口は約1000万人といわれ、さらに増加している。ランニングが盛んな沖縄県では、なんと人口の約1％がフルマラソンを完走しているらしい。

　もちろん、この1000万人は、誰かにマラソンをやらされているわけではない。ランナー自らの意志で苦しいレ

ースにチャレンジする。マラソンに込められた不思議な魅力が、ランナーの数を増やしているのだと思う。

　マラソンの魅力をいくつかあげてみよう。例えばレース中、ランナーどうしで声をかけあう楽しさ。沿道からの「頑張って」という声援を受ける喜び。エイドステーションで水を差し出す子どもたちの笑顔。フィニッシュラインを通過するとき、全身で味わう達成感。苦しいだけではない、人としての根源的な喜びがそこにあるのだ。だからこそ、多くの人がひきつけられている。

　別の視点からマラソンを考えてみる。競技スポーツとして、これほどルールが単純なものはほかにないだろう。古くは近代スポーツがはじまったころから、「42.195kmという距離をいかに速く走るか」という競走であり続けている。実にシンプルだ。使う道具も、基本的にはウェアとシューズがあればできる。季節によってキャップとサングラスを追加するくらいだから、道具の差はほとんどないといってもいいだろう。

　そんな単純なマラソンだが、しっかり走り切るためのトレーニング理論やレース攻略法は、実は複雑でそれなりに難しい。また、経験すればするほど、速いタイムを目指せば目指すほど奥が深くなるというのも、マラソンのおもしろさである。

医学の進歩とともに人の体の仕組みは解明され続けている。そして、医学的な知見をもとにした運動生理学とトレーニング科学も日進月歩で進化している。陸上競技の世界記録が更新し続けられている理由も、ある意味、トレーニング科学が進歩した賜物であろう。

時代時代でトレーニング方法に流行りすたりがあることは事実だが、成果と科学的裏づけがある方法論は、時代を超えて受け継がれている。

筆者（金）が箱根駅伝の選手だったころ、『マラソンの科学』（山地啓司著、大修館書店、1983年）という本を読んだ。将来マラソンを走る夢を実現するために知識を得たかったのだ。その後、マラソンを走るようになってからも、医科学の本は欠かせなかった。故障で痛めた筋肉と解剖図を見比べ、故障のメカニズムを考えた。どうすれば早く治せるのか必死だった。

選手を指導する立場のコーチになってからは、さらに膨大な知識と知恵が必要になった。経験豊かなスポーツトレーナーやメディカルドクターと連携しながら試行錯誤を重ねた。本書にはそれらのエッセンスに図解も加え、わかりやすく凝縮して収録している。

そして本書の特徴は、多方面のスペシャリスト陣が執筆を分担したことだ。運動生理学の山本正彦先生（東京

工芸大学）、スポーツ栄養学の河合美香先生（龍谷大学）。そして、元オリンピアンで、現在はトップアスリートの指導者として活躍している山下佐知子監督（第一生命グループ）ら、錚々（そうそう）たるメンバーである。それぞれの現場で活用している最先端の情報をコンパクトにまとめることができたのは喜ばしい限りだ。

　また書籍制作にあたり、企画を立ちあげてくださった益田賢治さん、担当編集者の田上理香子さん、素敵なわかりやすいイラストを描いてくださったイラストレーターのdackQさんの協力がなければできなかったことに、心から謝辞を申し上げる。

　マラソンは単純明快だが、その攻略は難しい。そして、この奥が深い基礎知識を、一人でも多くのランナーに届けることを願ってやまない。

2016年11月
プロ・ランニングコーチ　金 哲彦

はじめに

CONTENTS

はじめに ……………………………………………… 5

第1章 マラソンとはなにか? ……… 16

- **1-1** なぜ人は走るのか？　　　山本正彦 …… 18
- **1-2** 歩きと走りの違い　　　　山本正彦 …… 22
- **1-3** 走るしくみ〜ストライドとピッチ
　　　　　　　　　　　　　　　山本正彦 …… 24
- **1-4** なぜ呼吸が苦しくなるのか？
　　　　　　　　　　　　　　　山本正彦 …… 26
- **1-5** 脚が重くなったり痛くなったりする理由
　　　　　　　　　　　　　　　山本正彦 …… 28
- **1-6** 短距離走と長距離走の違い　山本正彦 …… 30
- **1-7** 有酸素運動の科学　　　　山本正彦 …… 32
- **1-8** 競技としての長距離　　　山本正彦 …… 33
- **1-9** アクティビティーとしての長距離走
　　　　　　　　　　　　　　　山本正彦 …… 38
- **1-10** ランニングの可能性は無限大
　　　　　　　　　　　　　　　山本正彦 …… 40

第2章 マラソントレーニングの科学 …… 42

- **2-1** トレーニングの種類と意味　山本正彦 …… 44
- **2-2** ジョギングの定義と方法　　山本正彦 …… 46
- **2-3** 正しい腕振りの科学　　　　山本正彦 …… 48
- **2-4** 正しい着地の科学　　　　　山本正彦 …… 50
- **2-5** 正しい体重移動の科学　　　山本正彦 …… 52

正しいマラソン

どうすれば走り続けられるか？　タイムを縮めるロジックとは？

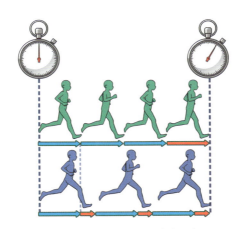

2-6	正しい呼吸法の科学	山本正彦	54
2-7	正しいランニングフォーム	山本正彦	56
2-8	ランナーのための体幹トレーニング①	金 哲彦	58
2-9	ランナーのための体幹トレーニング②	金 哲彦	60
2-10	持久力をつくるトレーニング	金 哲彦	62
2-11	ペース走の考え方	金 哲彦	64
2-12	スピードをつけるトレーニング	金 哲彦	66
2-13	スピード変化に対応するトレーニング	金 哲彦	68
2-14	心肺機能を高めるトレーニング	金 哲彦	70
2-15	インターバルトレーニング	金 哲彦	72
2-16	坂道トレーニング	金 哲彦	74
2-17	レペティショントレーニング	金 哲彦	76
2-18	クロスカントリートレーニング	金 哲彦	78

SB Creative

CONTENTS

2-19 LSDトレーニング　　　　　　　　金 哲彦 ……… 80
2-20 LTペーストレーニング　　　　　　金 哲彦 ……… 82
2-21 トレーニングメニューのつくり方(初級)①
　　　　　　　　　　　　　　　　　　金 哲彦 ……… 84
2-22 トレーニングメニューのつくり方(初級)②
　　　　　　　　　　　　　　　　　　金 哲彦 ……… 86
2-23 トレーニングメニューのつくり方(初級)③
　　　　　　　　　　　　　　　　　　金 哲彦 ……… 88
2-24 トレーニングメニューのつくり方(中級)①
　　　　　　　　　　　　　　　　　　金 哲彦 ……… 90
2-25 トレーニングメニューのつくり方(中級)②
　　　　　　　　　　　　　　　　　　金 哲彦 ……… 92
2-26 トレーニングメニューのつくり方(中級)③
　　　　　　　　　　　　　　　　　　金 哲彦 ……… 94
2-27 トレーニングメニューのつくり方(上級)①
　　　　　　　　　　　　　　　　　　金 哲彦 ……… 96

2-28　トレーニングメニューのつくり方(上級)②
　　　　　　　　　　　金 哲彦……98
2-29　トレーニングメニューのつくり方(上級)③
　　　　　　　　　　　金 哲彦……100
2-30　ピーキングとはなにか？　金 哲彦……102
2-31　心拍トレーニングとはなにか？
　　　　　　　　　　　山本正彦……104
2-32　ランニングにおけるストレッチ
　　　　　　　　　　　金 哲彦……106
2-33　ウォーミングアップのメカニズム
　　　　　　　　　　　金 哲彦……108
2-34　クールダウンのメカニズム　金 哲彦……110
2-35　アイシングについて　山本正彦……112
2-36　ランニング障害の種類とメカニズム
　　　　　　　　　　　山本正彦……114
2-37　ランニング障害を防ぐ方法　山本正彦……116

CONTENTS

第3章 マラソンレースの科学 …… 118

- **3-1** マラソン、長距離走の種類　山本正彦 …… 120
- **3-2** スタート方式のいろいろ　山本正彦 …… 122
- **3-3** マラソン大会にまつわる問題　山本正彦 …… 124
- **3-4** 目標タイムの設定方法　山本正彦 …… 126
- **3-5** レースの日の食事法　河合美香 …… 128
- **3-6** レースでのウォーミングアップ　山本正彦 …… 130
- **3-7** スピード派とスタミナ派のレース戦略　山本正彦 …… 132
- **3-8** 長距離走競技のルールについて　山本正彦 …… 134
- **3-9** レースのときのシューズと服装　山本正彦 …… 136
- **3-10** 成功の秘訣はよい緊張感にあり　山下佐知子 …… 138
- **3-11** レースを制するペース配分　山本正彦 …… 140
- **3-12** タイムを決める最大酸素摂取量とVDOT　山本正彦 …… 142
- **3-13** レースは前日からはじまっている　山本正彦 …… 144
- **3-14** オーバーペースで体に起きること　金 哲彦 …… 146
- **3-15** 中間走のコツ　金 哲彦 …… 148
- **3-16** 集団で走るときのコツ　金 哲彦 …… 150

- **3-17** 単独で走るときのコツ　　　　金 哲彦 …… 152
- **3-18** レース途中で役に立つリラックス法
  　　　　　　　　金 哲彦・河合美香 …… 154
- **3-19** レース途中の水分補給や食事
  　　　　　　　　　　　河合美香 …… 156
- **3-20** ロードレースにおける坂の走り方
  　　　　　　　　　　　　金 哲彦 …… 160
- **3-21** ラストスパートにもコツがある
  　　　　　　　　　　　山下佐知子 …… 162
- **3-22** タイムの壁を破る方法　　山下佐知子 …… 164
- **3-23** クールダウンの重要性　　　　金 哲彦 …… 166
- **3-24** レース後のメンテナンスや食事
  　　　　　　　　　　　河合美香 …… 168

コラム マラソントリビア …… 170

- **1** 最新式のストップウォッチ　　　金 哲彦 …… 172
- **2** 結局、かかと? つま先? 足裏全体?
  　　　　　　　　　　　　金 哲彦 …… 174
- **3** なぜ長距離走を体育の授業で学ばせるのか
  　　　　　　　　　　　山本正彦 …… 176
- **4** 駅伝競走について　　　　　　　金 哲彦 …… 178

　　開催が見込まれている大会の例など …… 182
　　索引 …… 184

第1章

マラソンとは
なにか？

1-1
なぜ人は走るのか？

　どうして人は走るのか。さまざまな分野で、この疑問について研究が進んでいる。例えば、人と動物の「かけっこ」を比較した場合、チーターをはじめとする四足動物は時速100km（100km/時）を超えて走る。しかし人は、あのウサイン・ボルト選手でさえ瞬間的な速度で44km/時（100m走の記録から計算すると37.6km/時）である。すなわち、短距離走では圧倒的に四足動物が速いのだ。

最速のヒトは？　＊2016年12月現在

ウサイン・セント・レオ・ボルト（ジャマイカ）
1986年8月21日生まれ　30歳
身長:196cm　体重:94kg
100mのタイム（2009年の世界記録）
を基準に計算すると、37.6km/時

100m 9秒58

第1章 マラソンとはなにか？

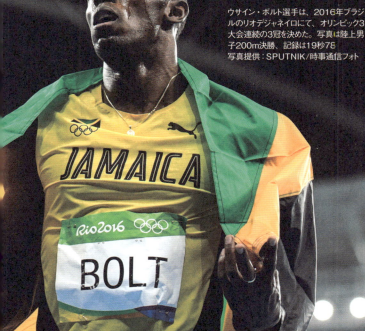

ウサイン・ボルト選手は、2016年ブラジルのリオデジャネイロにて、オリンピック3大会連続の3冠を決めた。写真は陸上男子200m決勝、記録は19秒78
写真提供：SPUTNIK/時事通信フォト

長距離走になると、その状況は一変する。四足動物で長距離を走る動物は、アフリカの大地を駆け抜ける、ヌーといわれる牛の仲間くらいである。しかし、人は42.195kmでは飽き足らず、200kmを超えたレースをも完走する能力を示している。人と動物の長距離走では、人に軍配が上がるのだ。

　少し前の話だが、『Nature』2004年11月号で、「Born to run」と題した特集が組まれた。この特集では、持久走とヒト進化の関係に注目し、走ることはヒトの体型進化に、とても大きな役割を果たしたと結論づけている。

「今回我々は、ヒトの長距離持久走における能力を評価し、ヒトとほかの哺乳類について持久走能力の生理学的および解剖学的な基盤を再考する。いくつかの基準で判定したところ、ヒトは持久走において著しくすぐれた能力を示した。

　これはさまざまな一連の特徴によるものであり、こうした特徴

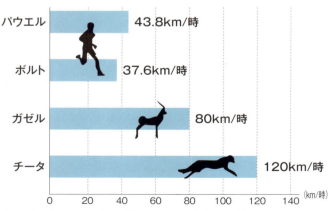

パウエルは、アサファ・パウエル（ジャマイカ）。100mのタイムは9秒72。時速のデータは、NHK「NHKスペシャル ミラクルボディー」（2008年3月9日放映）より

第1章 マラソンとはなにか?

の多くは骨格に痕跡が残っている。化石に残るこれらの特徴の証拠からみて、持久走はヒト属のもつ派生的な能力であり、およそ200万年前に現れたもので、ヒトの体型進化上、大きな役割を果たした可能性がある」。※

私たちの祖先は、四足から二足に進化したことで、効率的に体重を移動させられるようになった。体毛や肌にも、走ることを得意とするようになった痕跡が見られる。発汗しやすくするために体毛の大部分がなくなり、汗腺を発達させたのだ。

人はなぜ走るのか。人は、ヒトになる過程で、大地に立って歩きだし、やがて走るようになった。私たちは進化の証として、本能の一つとして、そして人であることを確認するために走っているのかもしれない。

※出典：Dennis M. Bramble & Daniel E. Lieberman "Endurance running and the evolution of Homo" (*Nature*, 432, 18 November 2004, pp.345〜352) の日本語要約

ヌーなら長距離も走れる

群れで半年近くもの「大移動」を行うヌーは例外として、ヒトのように長距離を走る動物は地球全体で見ても珍しい

21

1-2

歩きと走りの違い

　私たちの生活では、移動手段の中心に「歩き」がある。どうやって歩くか意識することなく、手足を動かしている人がほとんどだろう。しかし走りとなると、事情が異なる。あえて「走ろう」とする意識が必要で、能動的な行為といえる。

　歩くことと走ることの違いを知るには、それぞれの動きをよく見てみるとよい。歩くときには、必ず足裏のどこかが地面に接しているのに対し、走るときには、どこも地面に接することなく宙に浮いている時間が生じる。この滞空時間は、ゆっくり走るときは20〜30％であるが、速く走るほど割合が増し、長時間になる。

　歩幅にも違いがある。普通に歩くと1歩50〜70cmで、速く歩いてもせいぜい1mくらいだが、走るとゆうに1mを超え、トップランナーだと自分の身長まで歩幅を広げて走ることが可能になる。

　このような動きの違いは、脚にかかる衝撃にも影響する。歩くと体重の1〜1.2倍程度の衝撃を受けるが、走るとジョギング（ゆっくり走ること）で2〜3倍、速く走るとそれ以上の衝撃が生じる。

　さらに、歩きと走りでは、同じ距離を進むとしても、消費するエネルギーが違ってくる。右頁図は、速度が上がるにしたがい、エネルギー消費量が増加することを示したものだが、歩きは指数関数的に、走りは直線的に増えていく。歩くことも走ることもできる速度は、分速100〜130mくらい。これ以上の速度で歩くなら、走ったほうがエネルギー消費量は少なくてすむことになる。速く歩き続けるためにはきつい思いをしなければならず、走ったほうがラクになる。こうして見ると、歩くことと走ることは似て非なる身体活動といえるのだ。

第1章 マラソンとはなにか？

エネルギー消費と速度の関係

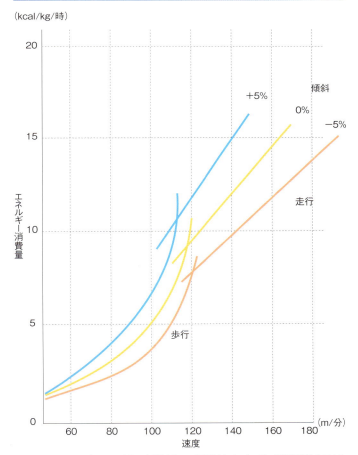

歩行（60〜120m/分）では、速度の上昇とともに、必要とされるエネルギーが指数関数的に大きくなる。つまり速くなるほど、消費エネルギーの増加分に見合った速度上昇が得られないことになる。一方、走行（100〜180m/分）では、速度の上昇に対して比例的にエネルギーが使われる。速く走ればその分だけ、エネルギーを消費する

出典：Margaria.R *Biomechanics and energetics of muscular exercise*（Clarendon Press, Oxford, 1976）をもとに構成

1-3
走るしくみ〜ストライドとピッチ

　走行スピードは、「ストライド（歩幅）×ピッチ（1分間あたりの歩数）」で決まる。ストライドを大きく、ピッチを少なくする走法を「ストライド走法」という。

　ストライド走法の代表格といえば、野口みずき選手である。一般のランナーは、身長の60〜70%の歩幅で走ることが多いが、野口選手は身長150cmに対してストライドが147.7cmといわれており、ほぼ身長の歩幅で走っていることになる。このフォームは上下動が大きくなりがちで、下肢の負担が大きいのがデメリットとなる。

　逆にストライドを小さくし、ピッチを多くして走る走法をピッチ走法という。代表的なランナーとして、往年の名ランナーの瀬

同じ時間、同じ距離を走っても

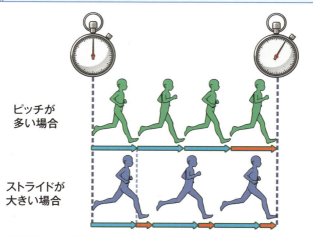

「ピッチを多くする＝足の回転を速くする」ピッチ走法と、「ストライドを大きくする＝歩幅を大きくする」ストライド走法があるが、数値などによる明確な線引きはない

古利彦選手や、タレントであり競技者でもある猫ひろしさんがあげられる。1分間あたり瀬古選手が200〜210歩、猫さんは230歩という、高速回転のピッチ走法である。ピッチ走法は小さくまとまったフォームに見られがちだが、上下動が小さく下肢の負担が少ないというメリットがある。ただし、腕振りなどの回数が多くなるため、慣れておかないと疲労が増す傾向にある。

このストライド走法とピッチ走法、明らかな定義は存在しない。選手本人やまわりのイメージで○○走法といっているのだ。

走り慣れたベテランランナーは、自然に効率のよいストライドとピッチで走っていて、動きがスムーズ。フォームの改善を考えているランナーは、ストライドを大きくすればダイナミックに、ピッチを多くすれば上下動の少ないフォームになるので、試す価値がある。

走法、酸素摂取量と速度の関係

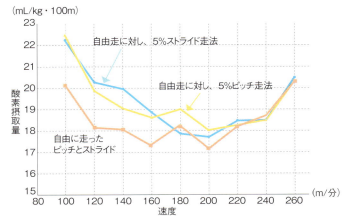

自由に走る場合より、ピッチまたはストライドを増やすと呼吸が激しくなる傾向にあるが、速く走る場合はあまり差がない。つまりランナーは、自然に効率のよいピッチとストライドを選択しているといえる

出典：山本正彦「総説 ランニング中のピッチについて」『ランニング学研究』(1巻1号、pp.33〜38、1995年)をもとに構成

1-4

なぜ呼吸が苦しくなるのか？

　いきなり速いスピードで走ると大変な苦しさに襲われる。なにしろ、呼吸が苦しい！　しかし苦しさに耐えていると、急に呼吸がラクになる瞬間がやってくる。

　この現象をトレーニングで経験したランナーもいれば、5kmや10kmの比較的短い距離のレース、もしかしたらハーフマラソンで経験するランナーがいるかもしれない。

　走りだすと、体の中でいろいろな反応が起こる。筋肉が酸素を欲しがり、そのために息が弾むようになる。酸素を筋肉に運ぶため、心臓が血液を送りだす回数も増える。表現をかえると、筋肉の酸素需要が高まり、そのために換気量（呼吸量）が増加し、酸素摂取量が増えていく。心拍数が上がり、心拍出量（心臓が送りだす血液量）も増加する。

　体が速い走りに慣れていないにもかかわらず、スピードを上げて走ると、筋肉だけでなく心肺機能にも負担がかかる。そのため呼吸を中心に、相当な苦痛に襲われることになる。これを「デッドポイント」という。やがて体が慣れてくると、そのスピードに合った適応が体に起こる。すると、呼吸はラクになる。これを「セカンドウィンド」という。

　走っているときはできるだけデッドポイントを短くし、早くセカンドウィンドを迎えたいと誰もが思うものである。そんなときにはウォーミングアップだ。ウォーミングアップは、筋肉を温めること以外に、心肺機能など体の中をランニングに適応させ、セカンドウィンドの到来を早める効果がある。

走行開始時に起きること

デッドポイントを越えるとラクになる

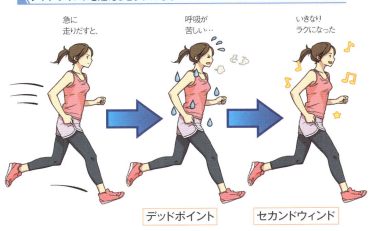

1-5

脚が重くなったり痛くなったりする理由

　マラソン、つまり42.195kmを走ったことのあるランナーなら、誰もが口にするであろう「30kmの壁」。それまで快調に走っていたのに、30〜35kmにさしかかるといきなり脚が重くなり、さらには痛みに襲われることもある。

　理由の一つに、エネルギーの枯渇が考えられる。

　マラソンを走り切るのに、体重が60kgのランナーであれば2633kcalのエネルギーが必要になる。仮にグリコーゲン（糖質）だけで走ろうとすると、体に蓄えられたグリコーゲンが1500kcal程度なので、どうしても1000kcal以上不足してしまう。それを補うのが、脂肪である。

　マラソンのレース前半から飛ばして走ると、グリコーゲンがどんどん消耗される。やがてグリコーゲンが枯渇しはじめると、脚が重く、動きも鈍くなってくる。併せて、グリコーゲンの枯渇が「運動のきつさ」を助長させることを知っているランナーは、心理的にも苦しくなる。

　これを防ぐには、どうすればいいのか。一つはグリコーゲンの消費を抑えながら走ること。少しでも余裕があるペースを維持することで、グリコーゲンと同時に脂肪を使いながらレースを進められる。

　トレーニングを積んだランナーであれば、主観的な感覚として「ほんの少しきついかな」という程度で走る。あまりトレーニングができていないランナーなら、「まぁ、ラクだな」という軽やかなイメージで走るのがいい。「レース後半はペースが落ちるから、前半にタイムの貯金を」と考えているランナーは、グリコーゲンが枯渇した後に訪れる、脚の重さと痛みにあえぐことになる。

第1章 マラソンとはなにか？

走るためのエネルギーはどこから？（60kg、体脂肪率12%のランナーの場合）

マラソンに必要なエネルギー

体重(kg)×42.195(km)×1.04※
=60×42.195×1.04※
=**2633**kcal

※1kmの走行に体重1kgあたり1.04kcal消費するといわれる

体が蓄えている糖エネルギー

筋グリコーゲン：250g
肝グリコーゲン：110g
血糖：15g
計375g→**1500**kcal

糖だけでは足りない！

脂質を使わざるを得ない

体が蓄えている脂肪エネルギー

皮下：7200g
筋肉：161g
計7361g→**66249**kcal

走行中のグリコーゲンと脂肪の燃焼効率

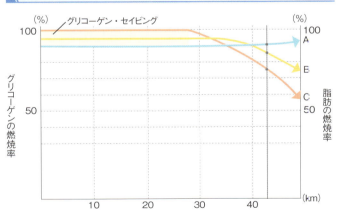

グリコーゲンの体内貯蔵量によってランニングスピードに差が現れるのは、約30kmを走ったあたりから。ただし、走行中のグリコーゲンを100%使用したランナー（C）、95%使用したランナー（B）、90%使用したランナー（A）の3者でその後の脂肪燃焼効率が異なり、グリコーゲンの消費を抑えたほうが、脂肪をしっかり使うことができる

出典：山地啓司『マラソンを走る・見る・学ぶQ&A100』（大修館書店、2007年）をもとに構成

1-6

短距離走と長距離走の違い

　走る競技には、100〜400mの短距離走、800mと1500mの中距離走、それ以上の長距離走がある。

　筋肉を直接的に動かすのは、ATP（アデノシン三リン酸）である。ATPが加水分解により、ADP（アデノシン二リン酸）とリン酸（Pi）になるときに生まれるエネルギーを使うのだ。

　筋肉に存在するATPは、ごくわずかしかない。そのため短距離走から長距離まで、すべての種目でATPを再合成する必要がある。

　100m走では、クレアチンリン酸を分解したときのエネルギーで、ATPの再合成が進む。これをATP-CP系といい、素早い再合成と爆発的な力が得られる。

　200〜400m走では、筋肉や血液中の糖分（グリコーゲン）を分解することで得たエネルギーにより、ATPを再合成するシステムを使う。酸素の存在に関係なくシステムは働くが、特に酸素がない（あるいは足りない）場合、糖の分解でできたピルビン酸が乳酸にかわる。こちらは解糖系と呼ばれる。

　長距離走では、体内にとりこんだ酸素を利用するシステムが活躍する。有酸素系のシステムといわれ、酸素を使って糖や脂肪を水と二酸化炭素にまで分解し、そのときのエネルギーを利用して、ATPの再合成を行う。酸素があればいつまでも運動を継続できるのが利点だが、単位時間につくられるエネルギー量が少なく、ハードな運動には向かないのがデメリットだ。

　このように、短距離走ではATP-CP系と解糖系、長距離走では有酸素系というように、主にかかわるエネルギーシステムが違ってくるのである。

エネルギー代謝と3つのシステム

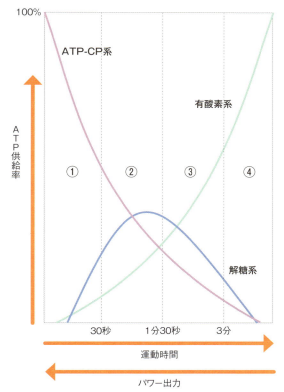

①運動開始から30秒までは、ATP-CP系が主に使われる。短時間で高強度の運動、つまり100m走や200m走の短距離走、投てきや跳躍などで使われるのが典型例
②30秒から1分30秒までは、ATP-CP系と解糖系（乳酸系）が主に使われる。400m走や400mハードルなどが該当する
③1分30秒から3分までは、解糖系と有酸素系が混在したエネルギーシステム。800m走などで特に使われる
④3分以上は、有酸素系のシステム。1500m走以上の長距離種目、もちろんマラソンにおいてもこのシステムが重要

出典：E.L.Fox *Sports Physiology*（Thomson Learning,1984）をもとに構成

1-7
有酸素運動の科学

　有酸素運動とは、「酸素を吸いながら運動する」ことであり、「酸素を体のすみずみまで運ぶ」ことだ。酸素は、どのように運ばれるのか。肺でとりこんだ酸素は、血液中のヘモグロビンと結合して細胞まで送られる。ヘモグロビンとは赤血球にある血色素のことで、鉄タンパク質の一種である。血液が酸素を運ぶ酸素運搬能力はヘモグロビン量に比例すると考えてよい。ちなみに、酸素と結びついたヘモグロビンを含む血液は鮮紅色、酸素と結びついていないヘモグロビンを含む血液は暗赤色である。

　赤血球にも、健康・不健康がある。健康な赤血球はきれいな形で、中のヘモグロビンも酸素としっかり結合できる。一方、不健康な生活をしている人の赤血球は形がいびつで、また重なり合うようにくっついてしまい、酸素をうまく取り込めない。

　有酸素運動は、安静にしているよりも血流量が多くなる。血液中の余剰な中性脂肪を減少させると同時に、善玉といわれるHDLコレステロールを増やしてくれる。血糖も使われることから、血糖値を下げる効果も期待できる。要は血液の環境がかわるのだ。そして環境の変化が、赤血球やヘモグロビンの健康度を高めてくれる。

　ヘモグロビンが少なくなることを貧血という。マラソンランナーの貧血がよく話題になるのは、血中のヘモグロビンが減少してしまうと運ばれる酸素の量が少なくなり、パフォーマンスに影響するからである。ヘモグロビン量と競技記録のあいだには相関関係があることがわかっている。造血作用のある栄養素を含む食事をすることがヘモグロビンを増やすことになる。記録を目指すランナーにとって、血液を鍛えることも重要なトレーニングの一つなのだ。

1-8

競技としての長距離走

　長距離の歴史はとても古く、古代オリンピックでは、ドリコスという約3800mを走る競技が行われていた。やがて近代オリンピックに時代が移り、ドリコスは陸上競技の長距離走として1500m走に、そして超長距離走としてマラソンがはじまったのである。近代オリンピックの第1回大会から第3回大会まで、マラソンの距離は大会ごとにかわっていた。現在の42.195kmになったのは1908年の第4回大会、ロンドンオリンピックからである。また5000m走や10000m走は第5回大会からはじまっている。

　ここからの歴史には、記録と順位の競い合いが刻まれる。例えば、ヨーロッパで人気のある中距離種目に1600m（1マイル）走がある。1950年代に、エベレスト登頂と1マイル走で4分を切ること、どちらが早いかがスポーツ界の話題になった。エベレスト登頂のちょうど1年後、1954年に、ロンドンの勤務医であったロジャー・バニスターによって「1マイル4分」の壁が世界ではじめて破られた。バニスターの挑戦は今でも語り継がれていることから、記憶に残る瞬間であったといえよう。今日における記録の壁は、男子マラソン2時間の壁である。果たして、その壁が破られるときはいつやって来るのだろうか。

　一方で順位について、優勝やメダル獲得も話題になる。近年のオリンピックや世界選手権は夏場に開催され、新記録が期待できないことも影響している。また箱根駅伝に象徴される、優勝の行方とシード権の争奪も注目度の高い順位争いである。

　このように競技としての長距離走では、「誰が一番速いのか」（記録）と「誰が最も強いのか」（順位）に注目が集まる。

競技としての歴史

男子マラソンの世界記録の推移

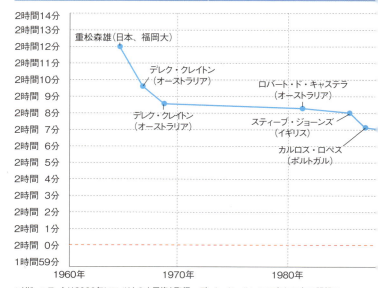

ハリド・ハヌーシは2000年にアメリカの市民権を取得。デレク・クレイトンの67年と69年の記録は、正確にはそれぞれ9分36秒4（史上初のサブテン）、8分33秒6

第1章　マラソンとはなにか？

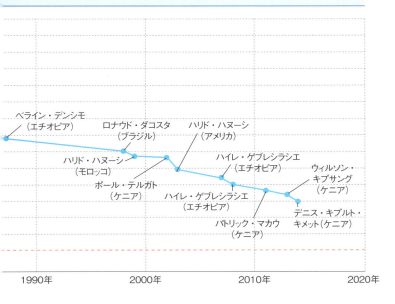

出典：『毎日新聞』（2008年10月29日夕刊）などをもとに作成

本書執筆中の2016年夏、リオデジャネイロオリンピックにて、陸上男子マラソンが行われた。優勝したのは、エリウド・キプチョゲ(ケニア)。記録は2時間8分44秒で、2位に大差をつけてゴールした
写真提供:時事

第1章 マラソンとはなにか？

1-9
アクティビティーとしての長距離走

　ここ10年でランナー人口は爆発的に増加した。そのきっかけは2007年からはじまった東京マラソン。笹川スポーツ財団の調べ（2年ごとの調査）によれば、2006年、年1回以上走っている人は606万人であった。2014年は986万人に増加している。そのうち、週に1回以上走るランナーは550万人であった。

　ランナーたちの、トレーニングの成果を発表する場がレースである。現在は年間で、大小合わせておよそ1900のレースが全国で開催されている。マラソン、つまり42.195kmの大会にしても、10年間で約1.5倍に増え、2014年には72大会を数えた。

　山の中を走るトレイルランニング（p.79参照）がブームになり、その大会も多くなった。舗装路が使われるロードレースでは、ベテランになるにしたがい、「とにかく記録が気になってしまう」というランナーが増えてくる。それに対してトレイルランニングには、「記録よりも、自然の中を走る醍醐味に目覚めた」というランナーがたくさん集まってくるのである。

　海外に目を向けると、100kmを超えて100マイル（160km）を走るレースや、スパルタスロンに代表される200km超のレースが盛んである。最近では、極地を走るレースにも注目が集まる。ゴビ、サハラ、アタカマの砂漠、さらには南極大陸を走るそれは、アドベンチャーレースそのものである。

　レースの実施状況を概観すると、ランナーの求めるアクティビティーが見えてくる。記録にこだわるランナーがいて、それを超越したところに意義を求めるランナーがいて…。どんなかかわり方をしても、ランナーは走ることで自分探しをしているように思える。

第1章 マラソンとはなにか？

ランニング人口の増加

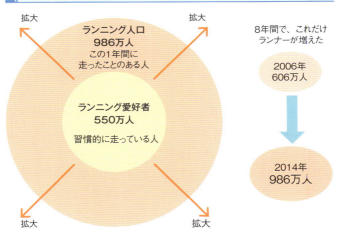

出典：笹川スポーツ財団『スポーツライフ・データ2014』(笹川スポーツ財団、2014年)をもとに構成

フルマラソン大会数の推移

出典：アールビーズ発表会資料(2014年12月1日)をもとに構成

39

1-10
ランニングの可能性は無限大

　走ることで得る恩恵は、はかりしれない。走った人にしかわからない爽快感や達成感、継続することで享受できる健康があり、まわりを見れば仲間がいて…。

　ここ最近の研究で、運動により脳が活性化されることがわかってきた。安静にしているよりも歩くことで運動野が活性化し、走りだすと活性化する部分が広範囲におよぶ。速度を上げて走ると、前頭前野までもが活性化してくる。安全のため、脳は多くの情報を処理しながら走ることになる。また、有酸素運動の効用として、脳にある海馬が刺激を受けることが以前から指摘されてきた。この海馬が活発に働くことで、記憶機能が高まる。

　このようにして、ランニングと脳の関係を考えていくと、「走

運動により活性化する脳の部位

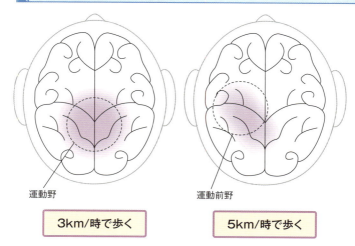

運動野　　　　　　　　　　　運動前野

3km/時で歩く　　　　　　　5km/時で歩く

第1章 マラソンとはなにか?

ること＝脳トレ」であるともいえる。

　子どものころを思いだすと、かけっこが速くて運動ができる子は、なぜか勉強の成績もよかった。このような実感としても、ランニングは「脳を鍛える方法」になり得るのではないだろうか。

　ところで筆者（山本）は、ルームランナーで1時間走っていた学生の感想を聞いたことがあるが、それは「経過時間や速度を気にしていた」「後半はただ走っていた」という味気ないものであった。その学生と近隣の山道を1時間走ってみると、「自然の中で気持ちがよかった」「不整地で走り方を気にした」など、感想が止まるところがなかった。同じ走るにしても、環境がかわらない場所ではなく、変化に富んだ場所を走ることが大事なのだ。環境がかわることはすなわち、情報が押し寄せてくることなのである。これこそが、脳トレである。気持ちのいいところを走ることは、脳を鍛える最も有効な方法の一つである。

前頭前野は、人の思考や学習を司る部位である。走ることにも使われていることから、ランニングは脳を活性化させることに役立つはずである

出典：久保田 競「バカになりたくない、そう思ったら走りなさい」『仕事に効く 脳を鍛える 新しいランニング』（日経BP社、pp.22〜25、2013年）をもとに構成

第2章
マラソントレーニングの科学

2-1

トレーニングの種類と意味

　長距離走で必要な能力は、第一に心肺持久力である。いかにこの能力を高めるかが、トレーニングの肝となる。そのための長距離走のトレーニングは、大きく二つに分けられる。有酸素トレーニングと無酸素トレーニングである。有酸素能力をつくり、無酸素能力を加えていくイメージで計画を立てるとよい。

　有酸素トレーニングの目的は、体に酸素をとりこむ準備をし、すみずみにまで毛細血管を発達させて酸素を活発に運搬することである。強度の高くない、イージーでリラックスしたトレーニングが望ましい。はじめはスタミナを養うため、ジョギングやLSD(Long Slow Distance:長時間ゆっくりと距離を走ること、p.80参照)がいいだろう。次に応用として、一定距離を決められたタイムで走るペース走(p.64参照)、距離を走る中でスピードの上げ下げを行うファルトレク(p.69参照)、起伏に富んだコースを走るクロスカントリーやトレイルランニング(p.79参照)などが効果的だ。

　無酸素トレーニングとは、感覚的に「少しきついかな」という先の、少しハードなランニングと覚えておくとよい。究極的には、呼吸が荒く鼓動が波打つようなトレーニングになる。10kmレースからハーフマラソンと同じくらいのスピードで走るペース走や、緩急をつけて走るインターバル(p.72参照)、タイムトライアルを繰り返すレペティション(p.76参照)などのトレーニングがある。

　有酸素運動と無酸素運動の境目にある「AT値」(Anaerobic Threshold:無酸素性作業閾値)といわれるラインがある。フルマラソンはこのスピードで走ることが知られており、スタミナ強化、レース対策に応用するとよい。

第2章　マラソントレーニングの科学

2種類のトレーニングと能力

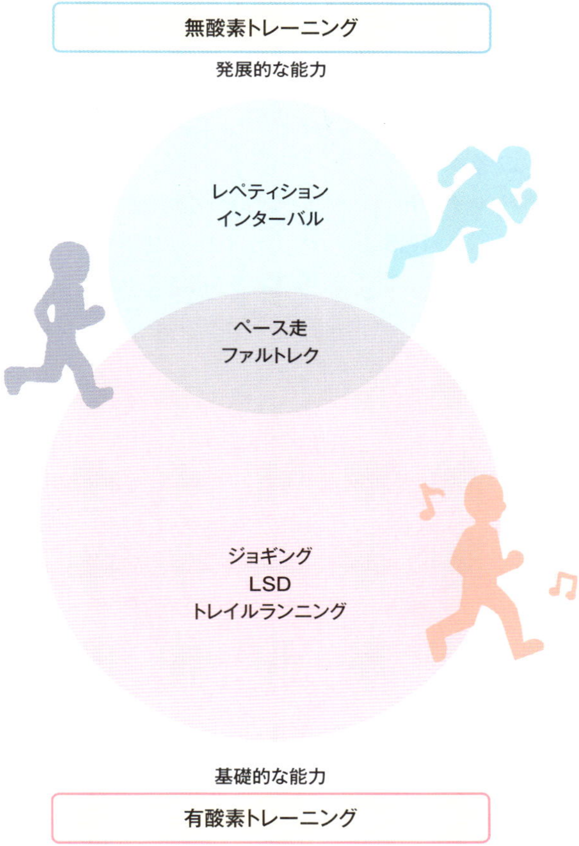

無酸素トレーニング

発展的な能力

レペティション
インターバル

ペース走
ファルトレク

ジョギング
LSD
トレイルランニング

基礎的な能力

有酸素トレーニング

ひと口に走るトレーニングといっても、たくさんの種類がある。目的に合ったトレーニングをしなければ効果的ではない。「有酸素トレーニング」によってスタミナがつくような基礎的な能力を養い、その上に、発展的な能力を開発するような「無酸素トレーニング」をのせてあげる、というようにイメージするとよい

45

2-2

ジョギングの定義と方法

　走ることについて、ジョギングとランニングという二つの言葉が存在する。両者を明確に定義し、区別することは実は難しい。

　走ることすべてをランニングという。では、ジョギングとはなにか。ランニングの中に、ジョギングは含まれると考えていいだろう。ジョギングの語源は「揺り動かす」。ゆさゆさと動いているように走るのが、ジョギングのゆえんなのかもしれない。ランナーの立場からすれば、ジョギングとはスピードとしても感覚としても「ゆっくり」走ることである。

　さて、よいジョギングをするには準備が必要である。まずは姿勢。きれいに立つことからはじめる。きれいに立つ姿勢は、腰が高い位置にあり、背筋がのび、重力に対して1本の線のようになるものだ。次にきれいに歩くこと。腰が引けたりすることなく、ひざ下をしっかりと振りだしながら歩くことが重要である。極端なX脚やO脚の人は、つま先をしっかりと上げてから着地すると、脚がまっすぐ前方にのびるようになる。

　準備ができたら、いよいよジョギングである。上手なジョギングにはコツがある。きれいに立ち、きれいに歩く、その延長で走る意識をもつ。90度にひじを曲げ、後ろに振るイメージがよい。遠くを見るようにすると、背筋がのびる。呼吸については、以前は「す〜、す〜、はく、はく」（吸う、吸う、吐く、吐く）といったものだが、今は、意識することなく自然のままに呼吸すればよい。ビギナーは、まずは15分走ることからはじめ、少しずつ時間をのばすとよいだろう。やがて1時間走れるようになり、気がついたらジョギングからLSDにステップアップしているに違いない。

第2章 マラソントレーニングの科学

まずはきれいな立ち方、歩き方

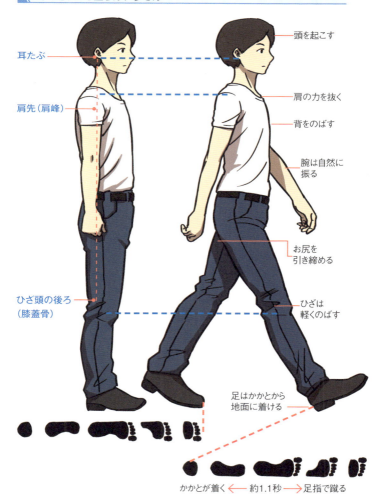

出典：藤原健固『歩きの科学―なぜ頭とからだによいのか？』（講談社、ブルーバックス、1988年）、服部利夫『ステップ式美しいやせ方』（三心堂出版社、1996年）などをもとに構成

2-3
正しい腕振りの科学

　駅伝やマラソンの中継を見ていると、十人十色、個性が表れるのが腕振りだ。腕振りは、ランニングのリズムを整えたり、推進力を補ったり、スピードの切りかえを助けたり（ギアチェンジのきっかけをつくったり）、ある意味ではペースメーカーの役割を担ったりする。ダイナミックなのかこぢんまりしているのかなど、ランニングフォームの印象を決める大きな要因にもなっている。

　よい腕振りを考えてみよう。立った姿勢で、腕を前後に、まっすぐに大きく振ってみる。次に少しずつ、ひじを90度の角度にしていく。そのとき、ひじを後ろに引くように意識するとよい。こぶしは小指から握っていき、人さし指は力まないように曲げるのがよいだろう。ひじの角度を大きくすると、ストライドが広がる。角度を小さくし抱えこむようにすると、ピッチが多くなる。リズムよく走っているときに、自分に合った腕の角度を見つけていけばよい。

　よい腕振りを求めるなら、肩関節の柔軟性を高めるトレーニングをすることである。腕の可動域が大きくなると、走りにタメができ、ゆとりのあるフォームになる。

　ほめられない腕振りといえば、嫌々をするように腕を横に振るスタイルである。推進力にとぼしく、スピードにのって走ることができない。横に腕を振る癖があるランナーは、ピンポン球をもって走ると矯正できるので、試してほしい。また、脇を締めすぎたり開きすぎたりする腕振りも気をつけたい。脇の下に、こぶし一つ分入る程度の空間が望ましい。

　なにしろ個性がでるのが腕振りである。リラックスしながら、リズミカルな腕振りを心がけるとよい。

足と反対方向に腕を振ると、安定する

腕振りには、「リズムの調整」「推進力の補助」「スピード切りかえの助力」という3つの役割がある

肩関節の柔軟性を高めるエクササイズ

（①から④を繰り返す）

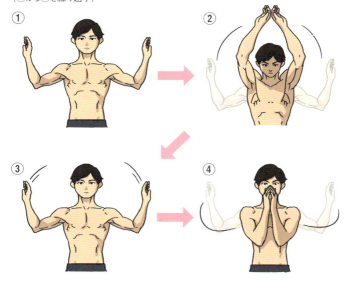

2-4
正しい着地の科学

　かなり前の話である。アメリカの『ランナーズワールド』誌に、ランナーたちがどのような着地をしているのかという記事がでていた。それによると、ヒールストライカー（かかと着地）が7割、ミッドフットストライカー（フラット着地）が2割、フォアフットストライカー（つま先寄りの着地）が1割だそうである。趣味や楽しみとして走っているアメリカのランナーには体重が大きい人が多く、そのためシューズのソールも厚くなることが原因だろう。日本でも、これまで長距離走の指導では「かかとから着地して」という言葉をよく聞いたように思う。現在はどうなのか、そしてどのような着地がよいのか考えてみたい。

　ランニングは、宙に浮いているときには加速し、着地時には減速する。この加速と減速を繰り返しながら進むのであるが、いかに加速を大きくして減速を小さくするかが、着地のポイントである。

　減速が小さく、できるだけブレーキにならない着地をするためには、振りだした脚を、自分の重心の真下に素早く引きこむことである。そして、加速を高めるためには、着地から重心までの距離を短くし、重心から蹴りだし（離地）までの距離を長くするように意識することが重要だ。ストライドが広すぎるランナーは、加速と減速の差が大きくなる。狭すぎるランナーは加速と減速の差は小さいものの、スピードにのり切れない。また注意したいのは、脚の振りだしが小さいと、着地の際につま先が地面を蹴るように着地してしまい、「詰まったような着地」になることだ。

　重心の真下に素早く着地を引きこむ。すると、腰の位置も高くなる。よい着地はよいフォームへの第一歩なのである。

第2章 マラソントレーニングの科学

ブレーキを小さくする理由と技術

一歩ごとにブレーキ(減速)と加速を繰り返す。そのため、ブレーキは小さいほうがエネルギーの無駄が少ない

脚を重心の真下に近づける。前脚と後脚のはさみこむ動作を素早く行うように意識する

ブレーキを小さくするためには、接地する足をしっかりと後方へ振り戻す

接地後にひざ下(下腿)を素早く前に倒す

51

2-5
正しい体重移動の科学

　長距離走は、スタートからゴールまで、体重を運ぶ競技ともいえる。この体重の運び方、すなわち体重移動の方法にも、大切なポイントが隠れている。

　前項で述べたように、ランニングでは、加速と減速を繰り返しながら前進していく。加速局面では、バネ要素にあたる弾性エネルギーが使われる。一方減速する局面では、弾性エネルギーが蓄えられる。走るとは、バネの力をためて、そのバネの反発をもって体重を移動させることなのだ。

　バネの使い方にもコツがある。一度、走っている人を見てみるか、思い浮かべるとよい。体の重心が進行方向に移動しつつも、波のように上下しているはずだ。宙に浮いているときには、重心が放物線を描いて着地に向かう。この放物線の高さや幅が大きくなると、上下動が大きい走りになる。その場合、前進するためにより多くのエネルギーが必要になり、効率が悪い。そこで、どのように上下動を小さくしながら走るかが重要になる。

　走行中の上下動を小さくするにはどうしたらよいのか。一つは、滞空時間を短くすること。ただ、単にそうすると、ちょこちょことした走りになってしまう。したがって、次に考えるべきは、重心を垂直(鉛直)方向に跳ねさせるのではなく、前方に飛ばすようにすることである。これには、着地と同時に下腿(かたい)を前傾させるのが有効だ。それなりのスピードで走っている人には見られる動作である。

　このように、重心を上手に操って自然に走れるようになるためには、起伏に富んだ地形を走り、バリエーションに富んだトレーニングを継続して経験していくのが近道だろう。

第2章 マラソントレーニングの科学

ランニングでは上下動が必ず生じる

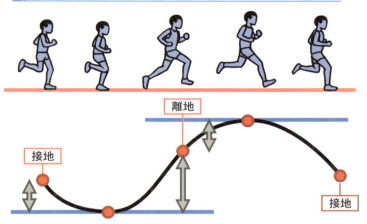

上下動は10cm前後。上下動が小さいほうがエネルギーが少なくてすむ

バネをいかすということ

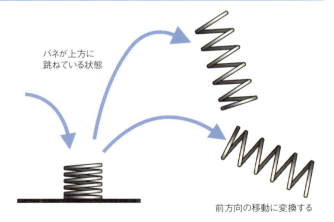

バネが上方に跳ねている状態

前方向の移動に変換する

2-6
正しい呼吸法の科学

　マラソンの呼吸は「す〜、す〜、はく、はく」といわれてきた。しかし実際に走ってみると、このリズムを意識しないことが多いのではないだろうか。

　長距離走では、4歩1呼吸が基本になっていることがわかっている。つまり「4歩進むあいだに1呼吸」という同期化現象が起こる。これがまさに、「す〜、す〜、はく、はく」のゆえんだろう。

　呼吸は、呼息（息を吐くこと）と吸息（息を吸うこと）から成り立ち、大事なのは呼息とされる。なぜなら、肺の中にある空気をださないと、外から新鮮な空気をとりこむことができないからである。しかし呼息と吸息は表裏一体の関係にある。吐かないと吸えないし、吸うからその反射で吐けるのである。

　走るスピードによって呼吸は変化する。ゆっくり走っているジョギングでは会話ができるし、歌を歌うこともできるだろう。速度が上がり体感的にきつくなってくると呼吸が荒くなり、しまいには「ぜいぜい、はぁはぁ」という状態になる。このように走る速度にまかせ、なにも考えずに呼吸をしても、体が要求する酸素需要に合わせて呼吸量（換気量）は自然と多くなるのだ。

　ランニングで意識するとすれば、ゆっくり走っているときは大きな呼吸を心がけること。スピードにのって走っていると、ピッチが上がって1歩あたりの時間は短くなり、それに同期する呼吸も浅くなる。そのため速く走っているときは、リズムのあるような呼吸がよい。スピードがでていても、余裕があるならば大きな呼吸を意識したい。それこそランニング中にときどき深呼吸をすれば、呼吸筋のストレッチにもなる。

第2章 マラソントレーニングの科学

走行中の酸素摂取量と換気量の関係

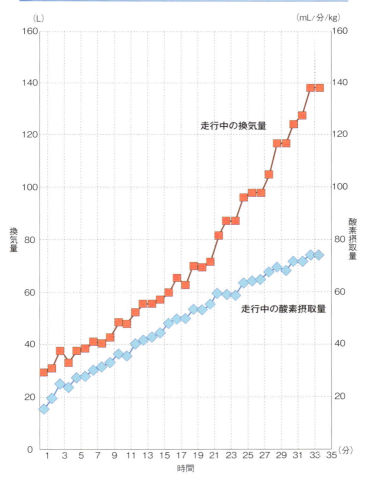

酸素摂取量は青いマーカー、換気(肺胞に運ばれる空気)量は赤のマーカーで示している。ある閾値に達すると、換気量は急激に増加する。運動強度の高まりにともない、自然と換気量が増加している
＊筆者(山本)測定による

2-7
正しいランニングフォーム

「教科書的なフォーム」というフレーズを耳にすることがある。しかし一流ランナーでもフォームは千差万別で、教科書的なフォームを具体的にイメージするのは難しい。では、フォームはよくても悪くてもかまわないのか。

答えは、「よいほうがいいに決まっている」。なぜなら悪いフォームに比べてよいフォームは走効率がよく、パフォーマンスの向上が期待できるためだ。また、体の多くの箇所に過剰な負担をかけることも少なく、故障もしづらい。

さて、ランニングのコーチたちが、走っている人のフォームをチェックするとき、よく見ている部分がある。下半身では、脚の運び方、着地、地面の蹴り方、上半身では腕振り、体幹の姿勢などを確認する。それらを踏まえて、腰の高さ、重心の上下動、走りのリズムなどを総合的に評価していく。

では、どのようにすればいいのか。第一に、腰高であること。そうすれば、脚をダイナミックに回転させることができる。着地から蹴りだしまでの脚の使い方も大事だ。次は体幹の姿勢である。前傾しすぎてもいけないし、後傾であってもいけない。その場で何度かジャンプをして、そのまま軽いランニングに移るようなイメージがいいだろう。最後は腕振りである。推進力の補助として、しっかり後ろに腕を振ることで脚を前にだすことができる。

全体として大事なのはバランス。ランナー自身の体型、筋力や柔軟性、走りのリズムに合ったフォームを模索すべきである。まずは、自分のフォームを見てみよう。動画などで撮影するのが一番だが、鏡やガラスにフォームを映してみても参考になる。

第2章 マラソントレーニングの科学

フォームの見方

2-8

ランナーのための体幹トレーニング①

　ランニングは腕や脚だけを動かすものではない。例えば、箱根駅伝の強豪校でも「体幹トレーニング」が必須となっている。体幹、つまり、胴体の部分を最大限活用できるよう、技術を磨くのだ。競技種目や目的に応じて、さまざまな方法がある。

　ここでは、ランナーに必要な体幹トレーニングの基礎を部位別に紹介する。以下3種のトレーニングは、ランニングフォームを安定させ、効率的に推進力を得る基礎体力づくりに欠かせないものである。毎日は難しくても、日常的にとり入れるようにしたい。

☑ひじ回し
　まず肩の上に両手先をつける。次に、肩が上がらないように注意しながら、ひじを後ろ方向にゆっくりと大きく回転させて肩甲骨を大きく動かす。10〜20回程度行うと背中が熱くなってくる。

☑お尻バランス
　床に腰をおろし、「体育座り」をする。次に、両脚を地面から数cm浮かせる。両手先でへそ下の重心にあたる部分を抑えながら体を左右に振り、脚が地面につかないよう、お尻のみでバランスをとる。

☑中臀筋トレーニング
　床にうつ伏せになり、両手の上にあごをおく。次に、両脚をV字型に少し開く。ひざが曲がらないように注意しながら、臀筋の力で両脚を上げ下げする。これを10〜20回繰り返す。

2-9

ランナーのための体幹トレーニング②

　続いて「体幹トレーニング」の応用編である。これは、ランニングフォームを安定させるだけでなく、よりラクにスピードを上げて走りたい上級者が、ダイナミックな動きをつくるために行うトレーニングである。インナーマッスルを含めた体幹をフルに活用することで、ストライドとピッチを無理なく上げられるようになる。

　以下3種の体幹トレーニングは、肩から背中にかけての筋肉や肩甲骨まわりの柔軟性、肩から腰までの筋肉や姿勢、腸腰筋などに注目したものである。フォームづくりのトレーニングにもなるので、走る前のウォーミングアップとして行うようにしたい。

☑大きな腕振り

　ひじが曲がらないよう注意しながら、のばした両腕を上下方向に大きく振る。腕が上部に来たときは耳の横に触れる程度まで勢いをつけ、20～30回程度繰り返す。

☑体幹スタビライゼーション

　うつ伏せになった状態から両ひじを曲げ、前腕を地面につける。頭からかかとまで一直線になるようにしたまま、30秒～1分程度、その状態をキープする。

☑腸腰筋のトレーニング

　あおむけに寝て後頭部で手を組み、股関節とひざ関節を90度に曲げる。そのままひざが垂直方向に上がる方向へ10～20回程度、腸腰筋の力で腰を上げる。

第2章 マラソントレーニングの科学

大きな腕振り

手が体の外側にいかないように、できるだけ高く

体幹スタビライゼーション

腰が上がりすぎないように、姿勢を保持

腸腰筋のトレーニング

腰近くの筋肉で、脚とお尻を持ち上げるように

腸腰筋 ─ 腸骨筋
　　　 ─ 大腰筋

2-10

持久力をつくるトレーニング

　持久力は、いうまでもなく、長距離走やマラソンにおいて重要な身体能力である。「ある一定のスピードで、どれだけ長く安定して走り続けられるか」という持続性が目安となるが、単一の能力ではなく、酸素摂取能力、耐乳酸能力(p.82参照)、ランニングエコノミー(燃費のような経済性)、筋持久力、エネルギー効率など、さまざまな要素が関係してくる。また、挑戦する種目の距離が長くなればなるほど、より高度な持久力が必要となる。

　例えば、市民ランナーが42.195kmのフルマラソンにチャレンジする場合を考えてみよう。「週5日、1日10km走り続ける」方法と、「週に2回しか走らないが、それぞれ20km、30km走る」方法を比較するとどうなるか？　どちらも合計すると同じ50kmではあるが、一度により多くの距離を走る後者のほうが、持久力を高めるトレーニングとしては効果的だ。

　また、持久力のアプローチには「時間」と「距離」の2種類があり、長時間走るのか、長距離を走るのか、自分の目的や目標に応じて、どちらを基準にしてもよい。ただ、いずれにせよ、まとまった量のトレーニングが必要となるだろう。

　持久力トレーニングで走るスピードとしては、最も遅いウォーキングからLSD、ジョギング、ペース走(次項参照)までさまざまなパターンがあるので、それらをうまく組み合わせることで、故障のリスクを軽減し、効率的に持久力を高めることができる。

　持久力を高めるには、時間や距離を増やすことが不可欠であり、持久力を維持するためには、少なくとも2週間に1回以上はまとまった距離や時間を走る必要があるだろう。

持久力はさまざまな要素で構成される

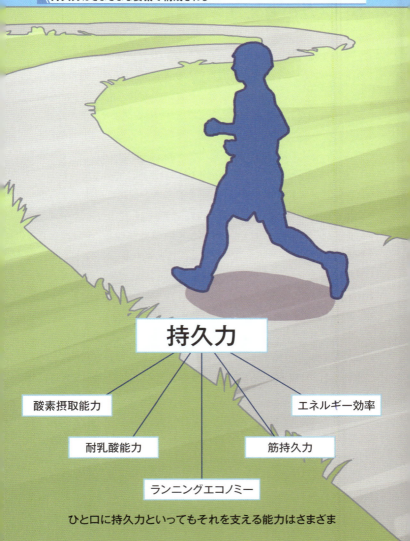

持久力

- 酸素摂取能力
- 耐乳酸能力
- ランニングエコノミー
- エネルギー効率
- 筋持久力

ひと口に持久力といってもそれを支える能力はさまざま

2-11
ペース走の考え方

　ペース走とは、走るペースをキープ・コントロールしながら行うトレーニング方法の一つである。長距離走の場合、「1kmあたり○分○秒」という基準で考えるとよい。通常、有酸素運動の範囲内で余裕をもちながら走るジョギングのペースよりは速くなる。

　このトレーニングの前には、走っているペースが客観的に把握できていなくてはならない。したがって、距離が正確にわかる陸上競技場のトラック、あるいは正確に計測されているロードコース、そしてストップウォッチが必要になる。これらが使えない場合は、GPS機能がついた時計(p.172参照)でも代用できる。

　例えば、フルマラソンでのサブフォー(4時間切り)を目標にしたとしよう。レースで走るペースは、1kmあたり5分30秒～40秒という計算になる。だから、1km5分30秒のペースで、例えば10km通して走るトレーニングを行うことになる。これを「サブフォーのための、10kmレースペース走」という。

　ペース走は、持久力トレーニングの範疇に入るので、目標種目に対して距離が短すぎると効果がでない。例えば、10km以上の種目を目標にしている場合は、少なくとも5km以上、できれば8km以上の距離を走るのが望ましい。フルマラソンを目標にした場合は、さらに15km、20km、30kmと、まとまった距離を走っていくことになる。また、ペース走を行う場合の注意点としては、力まず余裕をもち、ラクに走れるランニングフォームで走ること。また、できるだけペースの上げ下げがなく、一定のペースで最後まで刻むことが理想である。

レースペース走の考え方

例えば
フルマラソンの目標タイムが 3時間30分 だとすると

1kmあたり
4分58秒平均

一定のペース

この場合のレースペース走は、
4分55秒〜5分00秒/km となる

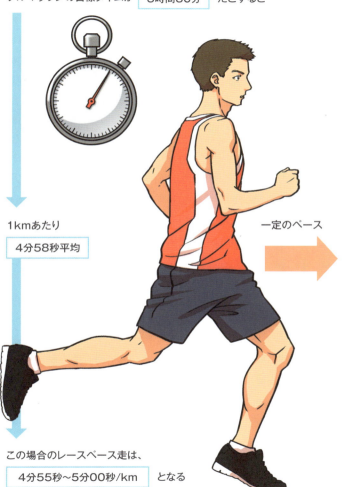

2-12
スピードをつけるトレーニング

　長距離走やマラソンで、現状より高い記録を目指すためには、目標に応じたスピードが必要である。しかし、「長距離走におけるスピード」は、短距離走におけるスプリント能力、無酸素運動で疾走するような速度とは異なる。あくまで、有酸素運動でのスピードであり、いわゆる「ダッシュ力」による速さではない。

　例えば、フルマラソンでサブスリー（3時間切り）を目指す場合、レースで必要とされるスピードは、1kmあたり4分10秒前後である。仮に、もっと速く、1kmを3分30秒以内で走れたとしても、それが無酸素運動的で、かつ断片的な走りであれば、長距離レースでは通用しない。むしろ、3分50秒で2km以上（無酸素運動では走れない距離）、継続して走れたほうが、長距離におけるスピードにつながるだろう。そのため、中学・高校の陸上部などで行われる代表的なスピードトレーニングは、400mトラックなどを利用し、200〜1000mを走ることを繰り返すインターバルトレーニング（p.72参照）となっている。例えば、5000mの15分切りを目標にする場合、「400mを70秒で走り、200mをジョギングでつないで、また400mを…」といった要領で、10〜15セット繰り返す。

　ここでスピードをつけるために気にかけなければいけないのは、どんな能力が足りないかを分析し、把握すること。そして、個性に応じてトレーニングをアレンジすることである。例えば、筋力や心肺能力が足りないのであれば、上り坂を使ったスピードトレーニングを行う、ピッチやストライドの最適化といったテクニックが不足している場合はドリルトレーニング（反復練習）をとり入れる、といった工夫が必要である。

「余裕」で走れる速度の底上げが必要

マラソンランナーに必要な能力は
スプリンターに求められるダッシュ力ではない

100m走

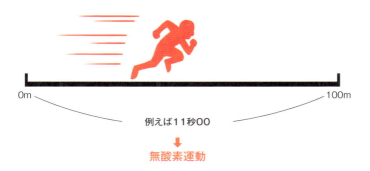

5000m走

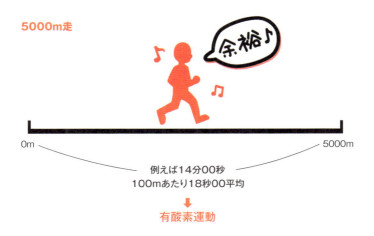

2-13
スピード変化に対応するトレーニング

　一般的に、長距離レースでは、ほぼ一定のペースで走り続けるのが望ましい。したがって、市民ランナーのマラソンについては、スピード変化に対応するトレーニングはあまり必要ないと考えられる。しかし、高校・大学のトラックレースや駅伝など、勝敗がかかった大会では、対応できなければ勝てない場面もあるだろう。

　世界に目を向ければ、近年、エチオピアやケニアなど、長距離先進国といわれているところの選手が得意な分野であり、例えば、10000m走において、400mのラップタイムが一気に10秒上がるというようなこともある。トラック種目でもマラソンでも、持久力にまさる日本人選手が国際大会で対応できない、現在最も苦手な分野といってもいいだろう。

陸上トラックを使った変化走

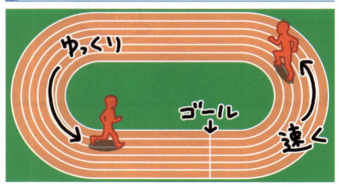

200mごとにスピードを上げたり下げたりすることを繰り返して数千mを走り、スピード変化に対応する力をつけていく

さて、このような能力を身につけるためには、トレーニングの中で大きく速度を変化させる要素をとり入れなければならない。例えば、1周400mのトラックで、200mごとにスピードを上げたり下げたりしながら、数千mを走る方法がある。距離は自由にアレンジしてよいが、あらかじめ、スピードを変化させるタイミングがわかっていれば走りやすい。より実践的なトレーニングを行いたいなら、集団で走りながら、トレーニングリーダーが突然ランダムにスピードを上げ下げするという方法もいいだろう。

　欧米やアフリカではクロスカントリー（p.78参照）が一般的なので、郊外や山間地の草原などを利用しながら、上り坂や下り坂でスピードを上げ下げし、持久力を養成する「ファルトレク」（野外走）というトレーニングが主流である。ファルトレクは持久力を強化するための手段だが、スピード変化のトレーニングにもなっている。

クロスカントリーでの変化走

アップダウンのあるレースでの例。コースによって自由にスピードを上げ下げし、ランニングテクニックを磨いていく

2-14
心肺機能を高めるトレーニング

　走るスピードが上がれば上がるほど心拍数は増加するが、人間は最大心拍数に近い状態で長く走り続けることはできない。そのため、ある程度速いスピードでも余裕がもてるよう、心臓の機能や呼吸機能を高めるトレーニングを行うと、より速く、よりラクに走れるようになる。これが、心肺機能を強化するトレーニングであり、トップアスリートが行う高地トレーニングもその一つである。ちなみに、長距離選手が数年間激しいトレーニングを行うと、心室が肥大して徐脈（不整脈の一種）が見られる、いわゆる「スポーツ心臓」になる場合がある。これは、心肺機能を高めた結果といえる。

　心肺トレーニングを平地で行う場合、計測器を装着し、心拍数をコントロールしながら実施する方法もある（p.104参照）が、呼吸負荷を高める方法がより簡単である。

　具体的には、走るスピードを上げる、あるいは、上り坂をある程度のスピードで走ることで心拍数を上げる。すると、心拍数の増加からやや遅れて呼吸数が上がり、「ぜいぜい」と呼吸が苦しくなる状態となる。この呼吸負荷が、心肺機能に負荷がかかっていることの目安となる。したがって、少しも呼吸が苦しくならないと、心肺機能を高めるトレーニングにはならない。

　さらに具体的な方法としては、インターバルトレーニング（次項参照）やレペティショントレーニング（p.76参照）があるが、市民ランナーの場合、ジョギングなどの後半に、呼吸が上がるまでスピードを上げてみるのもよい。また、ジョギングの後にウィンドスプリント（50〜100m、全速力より少し遅いスピードでダッシュを繰り返すトレーニング）を行うだけでも効果があるだろう。

心拍数の目安

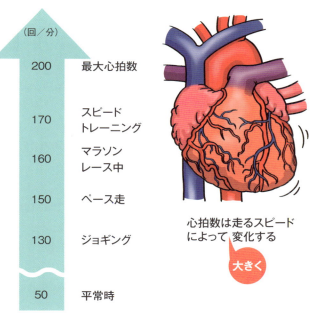

(回／分)
- 200 最大心拍数
- 170 スピードトレーニング
- 160 マラソンレース中
- 150 ペース走
- 130 ジョギング
- 50 平常時

心拍数は走るスピードによって**大きく**変化する

心拍数と脈拍数、呼吸数の違い

一般には成人の場合、心拍数と脈拍数はほぼ同じ値になり、安静時は60〜80回／分が目安（また、アスリートは59回以下になることがある）。一方、呼吸数は平常時で12〜20回／分、運動直後には24回／分以上になる。脈拍数は写真のように手軽にはかることができるが、走行中の計測が難しいため、呼吸の状態や計測器による心拍数・脈拍数を目安にするランナーが多い

2-15
インターバルトレーニング

　インターバルトレーニングは、200〜1000m程度の距離を高負荷と低負荷に分けて繰り返して走る、心肺機能を高める方法の一つである。1950年前後、長距離走でいくつも世界的な記録をつくったエミール・ザトペック選手（チェコスロバキア）が実践していたことにより、広く知られるようになった。

　例として、男子高校生が、5000m競技で15分を切ることを目標にした場合をシミュレーションしてみよう。

　まず、大会の数週間前に行う走りこみは、1週間に1回か2回の頻度で実施するのが望ましい。それ以上の頻度では負荷が高すぎるので、要注意だ。ウォーミングアップ後、400mトラックでまず1周、400mを70秒で走り、次に半周、200mをゆっくりしたペース（60秒前後）で走る。このサイクルを12〜15本程度繰り返す。

　インターバルは「間隔」という意味であり、つなぎの200mも管理して走ることがトレーニング効果のよしあしを分ける。つまり、いくら400mを速く走っていても、つなぎの200mが遅すぎては心拍数が下がってしまい、インターバルトレーニングの効果がでないということだ。

　上記の400mを1000mにおきかえた場合、本数は5〜6本になる。1000mを2分55秒で走り、次のインターバルを200m60秒にした場合、400mを繰り返すトレーニングより負荷が高くなる。本数こそ少ないものの、インターバルトレーニングとしての効果はより高くなるというわけだ。ただし、インターバルトレーニングは400mトラックという環境がないと進めづらく、負荷も高いため、フルマラソンの目標が3時間以上の市民ランナーは、無理をして行う必要はない。

第2章　マラソントレーニングの科学

オリンピックで4つの金メダルをとったエミール・ザトペック。トレーニングでは、400mを60〜90秒×10〜80本で走ったという
写真提供：時事

2-16
坂道トレーニング

　坂道トレーニングは、坂道の傾斜と重力を利用した万能トレーニングである。まず、上り坂では、重力に逆らって自分の体重をもち上げなくてはならない。自然に心拍数が上がり、体を前に推進させるための背面筋力が強化される。

　一方、下り坂では、重力がプラスされるので、心肺機能の強化にはならない。しかし、着地の際に自体重の数倍に相当する力がかかるため、大腿四頭筋など前面の筋力を強化するのに役立つ。また、ピッチ(脚の回転数)も上がるので、ランニングテクニックを磨くトレーニングにもなる。

　坂道トレーニングには、通常のジョギングやランニングの中に組みこむ方法と、あえて坂に特化したトレーニングを行う方法の2種類がある。

　組みこみ法は、ジョギングや持久走のコースに、坂道をとり入れるものだ。一定のペースで走りながら、上り坂と下り坂の走りを使い分けることで、それぞれの強化になる。市民ランナーであれば、ジョギングコースの中に階段をとり入れることで、同じような効果が得られる。

　坂道特化トレーニングには、何kmも続く上り坂や下り坂を走る方法や、数百mの坂だけを使い、上り坂を速いスピードで走る「坂ダッシュ」、下り坂での「ピッチ走」、2種類をミックスした「ヒルトレーニング」などがある。いずれにせよ、まずは、それらのトレーニングに適した傾斜と路面の坂道を探すことからはじめることになる。また、自動車が走る道を使わざるを得ない場合もあるので、その往来には十分注意して走らなければならない。

坂道ダッシュは万能トレーニング

2-17
レペティショントレーニング

　レペティショントレーニングは、1000～5000mの距離をほぼ全速力で走り、十分な休養をとってから、また全速力で走って休む、といったことを繰り返すトレーニング方法である。ウォーミングアップを十分に行った後に実行し、より実践的なスピード持久力を養成する。インターバルトレーニング（以下インターバル）が、どちらかといえば心肺機能の強化が目的であるのに対し、レペティショントレーニング（以下レペティション）は心肺機能だけでなく、長距離に必要なスピードから筋力まで、さまざまな効果を得ることができる。

　前々項で例示した、インターバルの1000m5本と比較しながら、具体的な方法を紹介しよう。目標は同じ、男子高校生が5000m競技で15分を切ることとする。レペティションでは1000mをほぼ全力で走るので、タイムは2分45～50秒くらいになるだろう。1本走り終わった後、心拍数が平常に戻るまで休憩をとり（5～10分くらい）、2本目をスタートする。そして、同様のパターンを5回繰り返す。1000mのタイムがインターバルより速くなるので、筋肉疲労はレペティションのほうが高くなる。しかし、このトレーニングを実施することで総合的な能力が向上するので、1000mを2分55秒で走ることが以前よりラクになるだろう。

　レペティションは、レースに直結する実践的トレーニングなので、トライする距離は2000m、3000mと徐々にのばしていくことをおすすめする。

　例えば、箱根駅伝のような、レース距離が20km以上におよぶ大会に向けて準備する場合は、5000m（5km）を数本繰り返すレ

ペティションを行う。フルマラソンを目標とする場合は、10000m（10km）を繰り返すハードトレーニングになることもある。

レペティションはレースに近いか、それ以上の負荷がかかるので、故障の心配があるときには実施しないほうが賢明である。また、頻度もインターバルよりは少なくするべきだ。

レースの距離とペース

たとえば、ハーフマラソン1時間30分が目標とすると…

レペティショントレーニングでは、5km×4本に

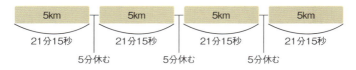

トレーニング2種の違い

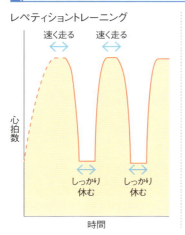

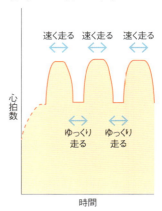

2-18

クロスカントリートレーニング

　クロスカントリートレーニングとは、公園や草原、山道など自然の地形を利用して走るトレーニングの総称である。自然に囲まれてのびのびと走る心地よさの中で、持久力を養成する。また、未舗装路などの不整地を走ることで、ロードやトラックなど、比較的硬い路面を走るときに使わない、より多くの細かい筋肉を使うようになる。あるいは、不整地の中でバランスをとりながら走ることで、ランナーにとって大切な身体バランスやランニングの巧緻性を向上させることができる。さらに、芝生のような柔らかい走路面を走ることが多くなるので、着地のタイミングや体重移動などのテクニックを向上させるのに役立つ。また、硬い走路面特有のアキレス腱やひざ、足底の故障リスクも回避できる。

身近な場所でのクロスカントリー

ランニングコースがある河原や公園は、クロスカントリーの練習に重宝する。中には未舗装と舗装、両方の部分がある場所もあり、多彩なトレーニングが可能

第2章 マラソントレーニングの科学

　近年、日本でもクロスカントリー競技やトレーニングが盛んになってきたが、日本独自の駅伝シーズンとの棲み分けが難しく、競技としてはポピュラーになっていない。ちなみに、アメリカの高校で長距離といえばクロスカントリー競技がポピュラーであり、エチオピアやケニアなど、アフリカ大陸でトレーニングする一流選手たちの基本トレーニングは、クロスカントリーである。

　クロスカントリーは自然の地形を活用するものなので、まずクロスカントリーに適した場所を探すのが先決である。そこで行う具体的トレーニングは、長い時間、距離を走る持久走またはLSDが適している。それに加え、インターバルトレーニングに近いもの、ファルトレクをクロスカントリーの環境で行うのもいいだろう。

　時期は、目標レースまで十分に時間がある基礎体力づくりの期間、定期的に行うのが望ましい。とはいえ、レースが近い時期でも、筋肉に違う刺激を入れる目的や休養目的で行うこともある。

山道を走るランナー

舗装されていない、アップダウンのあるコースを求めて、このような山道を走るランナーも。「トレイルランニング」と呼ばれることも多い

提供：iStock.com/GibsonPictures

2-19

LSDトレーニング

　LSDトレーニングのLSDは、前述のとおり「Long Slow Distance」の頭文字で、ゆっくり長い時間走ることである。有酸素運動能力のベースアップを目指すトレーニング方法だ。これを行うと、長時間ゆっくりと血液を通して全身へと酸素が運ばれ、末端の毛細血管が刺激される。さらに、体脂肪燃焼が促され、グリコーゲンに頼らないエネルギー回路が活用できる。その結果、長距離ランナーに大切な全身持久力が向上するといわれている。

　LSDでは、走るペースが速くなると体脂肪燃焼や毛細血管への刺激効果が少なくなるので、ペースはできるだけ遅いほうが望ましい。また、LSDの効果が得られるには90分以上継続して動き続ける必要があるので、ついペースが上がりがちな"距離"を基準にするのではなく、走り続ける"時間"を基準にするべきである。

　LSDは運動負荷の高いトレーニングではないが、運動時間が長くなるので、給水などの熱中症予防対策が不可欠である。

　また、負荷が低く長時間という意味では、ランニングではなく、長時間ウォーキングもLSDと同様の効果があるだろう。

　LSDトレーニングを行うのに適した時期は特定しないほうがいい。例えば、体づくりの時期に行うと全身持久力を高める効果もあるし、実践的なトレーニングの時期でも、ときどきとり入れることで持久力を維持するのに役立つ。また、レース直前の調整時期にLSDを行うことで、上がりすぎた調子を抑制する効果もある。長距離ランナーとしての基礎をつくる不可欠なトレーニングではあるが、使い方次第では、料理のスパイスのように、トレーニングの味つけをかえるような使い方もできるのである。

覚えておきたいペースの目安

5分00秒/km

レースペース

6分30秒/km

ジョギングペース

7分30秒/km

LSDペース

2-20
LTペーストレーニング

　LTペーストレーニングとは、負荷の高い運動をしたときに血液中に蓄積されるLT値（Lactate Threshold：乳酸性作業閾値）を活用した、ペーストレーニングの一つである。

　ランナーが走るペースを徐々に上げていくと、あるレベルから呼吸が苦しくなり、疲労物質とも呼ばれる乳酸が蓄積される。この閾値には個人差があり、LT値が高ければ高いほど速いペースで走り続けることができ、長距離走やマラソンのフィニッシュタイムが短くなる。グラフにすると、乳酸が急激に蓄積しはじめる速度、つまり閾値の部分から上昇率が高くなるという具合だ。

　LT値を正確に把握するには少し手間がかかる。まず、ジョギング程度のペースから徐々にペースを上げていって、一定のペースごとに耳や指先などから少量の血液を採取し、乳酸値を測定する。次に、呼吸が上がり負荷が高いペースになるまで測定を繰り返し、その値を線で結びグラフにする。グラフのカーブに上昇変化が起きる地点がLT値となる。

　そして、測定でわかったLT値ギリギリのペースで走ることを繰り返すと、閾値が徐々に上昇し、長距離選手としての能力が高まるというわけだ。通常のペーストレーニングは、目標タイムからペースを逆算するが、個人差はあまり考慮されない。それに比べ、LTペーストレーニングは個人の能力に応じたペース設定ができるので、適切な負荷をかけやすくなる。

　血液を採取してLT値を計測するのが難しい場合、「LT心拍数＝（最大心拍数－年齢－安静時心拍数）×0.75＋安静時心拍数」と計算し、推測するという方法もある（心拍数についてはp.104参照）。

乳酸値とスピードのイメージ

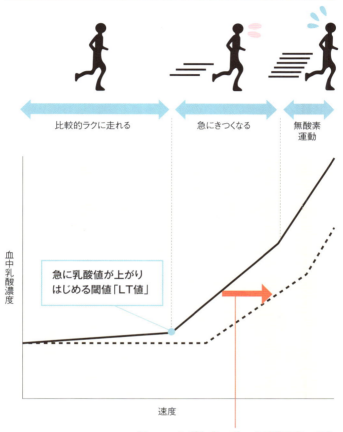

2-21
トレーニングメニューのつくり方（初級）①

　トレーニングメニューとは、目標を達成するために「いつ、なにをすればよいか」をまとめた、料理でいうところのレシピのようなものである。

　そのレシピをランニングの初心者が考える場合、雑誌やハンドブックに掲載されているようなメニューから試みることはおすすめしない。自分の現状を客観的に把握して、その問題点、改善すべき点などを見直すことからスタートすべきだろう。

　現状把握の第一歩は、自分の肉体を分析することである。体重、体脂肪率、骨密度などは、身近な体組成計・体脂肪計で計測できる場合も多いので、ランニングをはじめる前に確認しておこう。

　また、すでに生活習慣病や循環器系の疾病の疑いがある場合は、

現状を把握し、目標を設定する

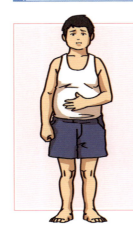

現状

例えば…
- × 運動習慣ゼロ
- × 日常生活であまり歩かない
- × スポーツ経験なし
- × 甘いもの好き
- × メタボリック
- × 脂肪肝の診断あり　　　　　…など

事前に医師と相談したほうがよい。特に心臓疾患がある場合、心拍数の上がるランニングにはリスクがともなう。あらかじめ、運動負荷心電図などの検査で、心臓に負担をかけても異常がないか、どのぐらいの運動が可能か確認しておくと、安心してランニングがはじめられる。

運動経験がなく、日ごろ歩く習慣がない人は、走るための脚筋力が衰えていると考えられる。したがって、ウォーキングを日常の生活習慣にとり入れることからはじめるのが王道である。

また、初心者であっても、具体的な目標を決めることは大切である。例えば、ダイエットが目的ならば「いついつまでに何kg減量したい」「体脂肪率を何％まで減らしたい」、レース出場が目的ならば「1年後にハーフマラソンを完走したい」など。無理のない範囲で期限を決めることは、モチベーションを高めるうえでも重要である。

2-22
トレーニングメニューのつくり方（初級）②

　現状を把握して目標が決まったら、次は、日常的にランニングをはじめていく段階である。初心者が事前に知っておきたい、大切な要素を5点あげておく。

　1点目は、初心者ほど、トレーニングメニューの中にウォーキングをしっかりとり入れること。「歩くことはランニングのトレーニングとは違う」と考えがちだが、基礎体力づくりには欠かせないメニューだ。特に、今まで走っていなかった人は、ランニングよりウォーキングの頻度を多くしたほうがよい。

　2点目は、一度に行うトレーニングの量を、距離よりも時間を基準に決めること。距離を基準にしてしまうと、スピードがつい上がってしまう。時間が基準であれば、ゆっくり走ることができる。初心者の場合、そのほうが故障のリスクが少なくなる。

　3点目は、走るメニューの大半をゆっくりとしたジョギングにすること。過去にスポーツ経験がある人は、昔を思いだしてスピードを上げたくなるが、ジョギングでランニングの基本ができるまでは、あまり速く走らないほうがいい。

　4点目は、適度に休養日を入れること。走ることが楽しくなってくると、毎日欠かさず走りたくなるが、ときどき休んだほうが、故障のリスクが少なくなり、メリハリがつくのでトレーニング効果も高くなる。

　5点目は、あせって体をかえようとしないこと。極端に炭水化物を絶って短期間でやせる方法もあるが、急に肉体を改造すると、体のどこかに無理を生じると考えたほうがよい。初心者である期間は半年以上、1年くらいと思って、徐々に体をつくっていこう。

第2章 マラソントレーニングの科学

以上5つのポイントは、トレーニングメニューをつくる際の基本だが、メニュー作成後も、あるいは具体的なメニューがなくても、これらに気をつけながら日常のランニングを行うとよい。

無理しすぎないメニューが重要

ウォーキング ＞ ランニング

週3〜4日走る ＞ 毎日休みなく走る

時間 ＞ 距離

時間をかけて体をかえる ＞ 短期間で結果をだす

ジョギング ＞ スピードのある走り

87

2-23
トレーニングメニューのつくり方（初級）③

　ではここで、初心者のトレーニングメニューを、1週間単位で具体的に考えてみよう。

　まずは、仕事や家庭生活などの時間配分を考え、1週間のうちランニングに費やせそうな曜日を具体的にあげるとよい。週5日勤務の場合、週末の土曜日と日曜日がトレーニングの日となる。まずはこの2日間、それぞれ1〜2時間のスケジュールで、ランニング中心のメニューを組む。

　ウィークデイの5日間は走る時間がないかもしれない。しかし、5日間なにも運動しないでいると、せっかくつくった筋力が衰えてしまう。通勤途中のウォーキングでいいので、例えば、水曜日は少し早めの電車に乗って、2〜3個前の駅でおりて職場まで歩いていく「60分ウォーキング」というメニューにしてみる。金曜日は、最寄り駅から自宅までいつもはバスを使っていたところを歩いて帰宅する「30分ウォーキング」というメニューにする。

　このように、日常生活の中で、少しだけ積極的にウォーキングをとり入れていくと、初心者向けの理想的な1週間のメニューが無理なく出来上がる。

　右頁のメニュー例では、最も負荷の高い「30分ウォーキング＋60分ジョギング」を、週末の日曜日に入れている。このメニューはトータル90分の運動であるが、ウォーキングの時間とランニングの時間を調整することで、負荷を大きくしたり小さくしたりすることができる。トータルは90分のままランニングの時間を少しずつのばし、最終的に「90分ジョギング」ができるようになれば、ハーフマラソンの完走も夢ではない。

トレーニングメニューの例

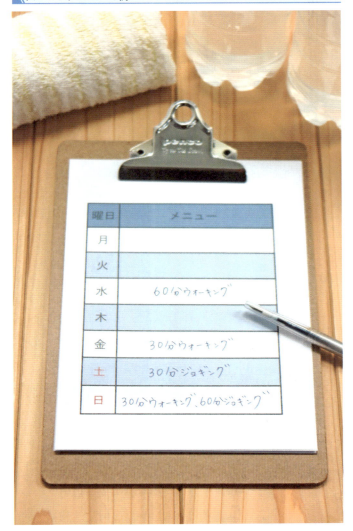

2-24
トレーニングメニューのつくり方（中級）①

　ランニングがライフスタイルの中に溶けこんできたら、誰でも「いつかはフルマラソンを完走してみたい」と思うだろう。フルマラソンの完走は、ただ漠然と憧れていても無理だが、具体的に戦略を構築して計画的にトレーニングを重ねれば、さほど難しくはない。

　まずは目標を決めよう。

　国内で開催されているフルマラソンでは、完走制限時間が6〜7時間となっていることが多い。例えば、「とにかく制限時間ギリギリでもいいからフルマラソンを完走したい」「5時間半くらいで完走してみたい」「初マラソンだけど5時間を切ってみたい」という感じの、具体的なタイムまで想定した目標を決めよう。

現在の走力を把握し、目標値を設定する

現在の走力

例えば…
・ハーフマラソンを2時間40分で完走した経験がある
・「週に1日、5〜10kmを走る」ジョギング習慣がある

次に、「現在、自分の走力がどれくらいか」を把握する。

これは、日常のトレーニング内容とレース経験の二つから分析することが望ましい。

日常のトレーニング内容から見ると、例えば、「1時間あるいは10kmくらいはいつでも走り切れる」「1か月に1回、120分間のLSDをやっている」「週に走る頻度は1回であり、主に土曜日である」といったことがわかるだろう。これらは、トレーニングをはじめる際の基準となるレベルで、「具体的な目標まで、どれくらいの期間がかかるか」を計算する指標になる。

レース経験の視点では、例えば、「数か月前にハーフマラソンのレースに出場したことがあり、そのときのタイムは2時間40分だった」「10kmレースを65分で走り切った」などである。そのタイムから、フルマラソンの目標タイムを概算できる。「ハーフマラソンのタイム×2＋30〜60分」というのがおよその目安である。

2-25
トレーニングメニューのつくり方（中級）②

　現在の走力と目標が見えたら、次は、具体的なトレーニングメニューだ。初心者のトレーニングメニューは「料理でいうところのレシピのようなもの」と前述したが、中級編では「ジグソーパズルのピース」に例えてみる。ここでは、トレーニングメニューの「ピース」を三つの切り口から考える。

　一つ目はペース。例えば、フルマラソンを5時間で完走することが目標であれば、1kmの平均ペースは7分06秒となる。しかし現実には、スタート時のロスタイム、エイドステーションでの給水や給食、トイレ休憩などで余分な時間がかかるので、1km平均6分50秒前後の走力を身につけることが望ましい。これを「目標レースペース」と呼ぶ。それを、いつもジョギングしているペースと比べてみよう。ジョギングは、無理なく走り続けられるペースが基本なので、フルマラソンを走る要領に近い。ジョギングのペースが目標レースペースより遅い場合は、トレーニングで目標レースペースを意識して走る必要がある。

　二つ目は持久力。42.195km、5時間以上もの長いあいだ、途中に休憩を挟みながらでも走り続けられる持久力があるかないか？　持久力をつけるためには、2〜3時間歩き続けるウォーキング、120分以上のLSD、20km以上のペース走など、負荷は高いがとり入れなければならないトレーニングのピースがある。

　三つ目はプログレス、つまり進行だ。目標タイムだけでなく、具体的に「何月何日の○○マラソン」で走るという具体的なレース目標から逆算しなければならない。現在の走力からどのくらいの期間が必要か、現実的な日数も考えるべきなのである。

第2章 マラソントレーニングの科学

ペース

・ジョギングのペースを把握する
・目標タイムのペースを意識する

持久力

・フルマラソンなら42.195kmを走りきるための持久力が必要

プログレス

・目標達成のため、どのぐらいの期間が必要か逆算する

2-26
トレーニングメニューのつくり方（中級）③

　目標と現在の走力、トレーニングメニューのピースが把握できたら、仕上げは、いよいよトレーニングメニューの作成である。

　一から、フルマラソン向けのトレーニングをはじめる場合は、最低3か月が必要だ。より慎重に実施したい場合は、6か月、つまり半年程度。時間をかけてトレーニングを積んだほうが、より安全に進めることができるだろう。

　3か月の場合は、2か月を基礎的なトレーニング期間にあて、残りの1か月をやや実践的なトレーニング（ハーフマラソンのレース出場など）と疲労回復の調整期間にあてるといい。6か月の場合は、最初の3か月は無理のない基礎トレーニングのみにして、残りの3か月は上記の3か月コースと同じように組むといいだろう。

　右頁は、「土曜日と日曜日をトレーニングにあてられる」場合のメニュー例である。特徴的なのは、ペース、持久力の2要素とも強化できるよう、1週間の中に盛りこんだことだ。さらに、ウィークデイにも60分のジョギングを入れることで、筋力を落とすことなく、効率的に走力アップができるスケジュールとなっている。

　このメニューがやや難しい場合、土曜日か日曜日、どちらかだけ負荷の高いメニューにしてもよい。その場合は、好きな走り方や得意なトレーニングではなく、自分にとって足りないものを積極的に行うべきである。また、2日続けて走るようなメニューをつくる場合は、それぞれの日に別の力やテクニックを向上させる要素を組み合わせたほうがよい。例えば、毎日同じペースで同じ距離のジョギングだけだと、慣れてはくるがそれ以上の走力は望めなくなる。

　ピースをうまく組み合わせて、自分の絵をつくっていこう。

トレーニングメニューの例

トレーニングメニューのつくり方（上級）①

　さらに上のタイムを目指す上級者には、オリンピックレベルの選手たちも活用する、高度なトレーニングメニューの作成方法を知ってほしい。

　まずとりかかるのは、現在の走力把握と目標設定。これは初級、中級と同様だが、上級者はさらに具体的に細かく分析する。

　走力分析では、10km走、ハーフマラソン、フルマラソンのタイムを比較してみよう。偏った点はないだろうか？

　例えば、10kmを45分で走れるのにフルマラソンが4時間40分だと「スピードはあるが持久力が足りない」という見立てになるだろう。この場合、足りない部分の強化が必要となる。逆に、持久力はあるがスピードが足りないという場合もあるだろう。

　また、過去に経験したフルマラソンのレース内容を分析して、ペース配分、水のとり方、アップダウンの攻略はどうだったかを振り返る。特にオーバーペースで失敗したレースがあれば、スタート後にペースを上げたいところを我慢し、一定のペースをしっかり守るトレーニングも必要となるだろう。

　また例えば、「上り坂は得意だけれど、下り坂が苦手」という場合、苦手な坂をトレーニングコースにとり入れることも重要になってくる。「暑さ」「寒さ」にも得手不得手があるので、気象条件も忘れてはならない。

　フルマラソンの目標設定タイムについても、「〇年〇月〇日の〇〇マラソンを〇時間〇〇分前後で走る。ペースは前半のハーフを〇時間〇〇分、後半のハーフを〇時間〇〇分程度でカバーする」くらいの具体性が必要である。

第2章 マラソントレーニングの科学

上級者が把握しておきたいこと

現在の走力

例えば…
10km　52分30秒
ハーフマラソン　1時間55分29秒
フルマラソン　4時間30分15秒

目標

○月○日の大会では、3時間45分で走りたい

トレーニングメニューのつくり方（上級）②

上級者のトレーニングメニューは負荷の高いものが多くなる。したがって、毎週同じようなメニューを繰り返すのではなく、長期的視点からメニューを組み立てる「期分け」の考え方をもつべきである。ピーキング（p.102参照）も考慮するとよい。

右頁図は、マラソントレーニングにおける、代表的な期分けである。各時期の目標や狙いが異なるので、トレーニングのメニュー内容はもちろんのこと、ペースや走る距離なども微妙に変化させたほうがよい。以下に各期の狙いを説明するので、参考にしてほしい。それぞれ末尾の数字は、メニューを考える順番である。

- ☑ 導入期：基礎づくりで故障しないため、現在のトレーニングから徐々に移行させていく時期。3
- ☑ 基礎づくり期：具体的に、足りない要素と基礎体力を構築していく時期。LSDや坂道ダッシュなど。2
- ☑ 休養期：基礎づくりの疲労を回復させる時期。トレーニングの質、量ともに落とすことで、次のレベルへと上がれる。4
- ☑ 実践トレーニング期：「目標タイムに応じてすべき、最低限のトレーニングメニュー」の柱を考えて実践する。例えば、サブフォーを目指すなら、1kmあたり5分40秒〜6分で30kmペース走を行う、といったように。1
- ☑ 休養期：実践トレーニングの疲労を回復させる1週間。5
- ☑ 調整トレーニング期：レースの日に向けて、持久力を落とさないこと、目標ペースで走れること、好コンディションで当日を迎えることに重点をおく。6

第2章 マラソントレーニングの科学

期分けの考え方

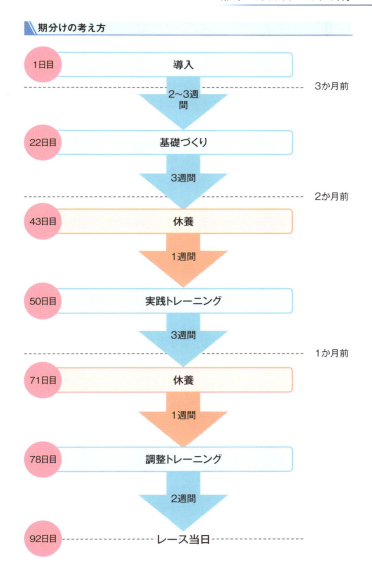

2-29
トレーニングメニューのつくり方（上級）③

　トレーニングメニューのピースや内容、流れ、期分けが決まったら、すべてを俯瞰できる1枚のシートを準備しよう。

　右頁は、Excelでつくった簡単な表をA4の用紙にプリントアウトした、誰にでもつくれるシート例だ。一度シートをつくっておくと、目標レースの日程を書きこむだけで、瞬時に「期分け」計算ができる。

　全体を俯瞰することで、トレーニングの進行状況、今しなければいけないこと、客観的な自分の体調などがわかるようになる。

　例えば、予期せぬ疲労の原因が、数日前に行ったトレーニングではなく、1週間以上前に行ったトレーニングにあることがある。次のトレーニングを変更する判断材料はあくまで「流れ」なのだ。

　また、仕事や家庭の事情などでどうしても予定どおり走れない日があれば、そのスケジュールをあらかじめシートに書きこんでおけばよい。そうすることで、流れの本筋をかえない形でメニューをずらしたり、距離や時間をかえたりできるようになる。

　心がけてほしいのは、最初に決めたトレーニングメニューをすべて完璧にこなそうとしないこと。目標のタイムを達成するために、臨機応変に進めるほうが、結果的にうまくいくことが多い。そのためにも、流れを正確に理解しておくことが重要である。

　最近の上級者ランナーの多くは、GPS時計などで走った距離やペースなど、1日1日の細かいログを記録している。それはそれで間違いではない。しかし、1日単位でトレーニングの成果を見るだけではなく、常に俯瞰することが大切なのである。

ホノルルマラソンのシート例

レース名: **2006ホノルルマラソン**　　　氏名: ___

日付		日付		日付	
8月25日		9月30日	身压 60分+	11月5日	
8月26日		10月1日	〃 60分+	11月6日	
8月27日		10月2日	〃 3周2/4	11月7日	
8月28日		10月3日	〃 6½h	11月8日	休
8月29日		10月4日	(木)	11月9日	
8月30日	導	10月5日	身压 60分+	11月10日	60分+
8月31日	入	10月6日		11月11日	
9月1日	期	10月7日		11月12日	60分+
9月2日		10月8日	60分+	11月13日	第
9月3日		10月9日	第	11月14日	3
9月4日		10月10日	2	11月15日	ク
9月5日		10月11日	60分 ク	11月16日	
9月6日		10月12日		11月17日	ル
9月7日		10月13日	ル	11月18日	
9月8日		10月14日	(休)	11月19日	
9月9日		10月15日	60分+	11月20日	
9月10日	第	10月16日	60分	11月21日	
9月11日	1	10月17日		11月22日	休　回
9月12日		10月18日		11月23日	復
9月13日	ク	10月19日		11月24日	期
9月14日		10月20日		11月25日	
9月15日	ル	10月21日	60分	11月26日	
9月16日		10月22日		11月27日	
9月17日		10月23日	(休)	11月28日	
9月18日		10月24日	60分	11月29日	
9月19日	2h walk	10月25日	休　回	11月30日	
9月20日		10月26日	復	12月1日	
9月21日		10月27日	期	12月2日	調
9月22日	休	10月28日		12月3日	整
9月23日	休	10月29日	休	12月4日	
9月24日	身压 60分+	10月30日		12月5日	
9月25日	休	10月31日		12月6日	
9月26日	身压 2周+	11月1日		12月7日	
9月27日	〃 60分+ 回	11月2日		12月8日	
9月28日	復	11月3日		12月9日	
9月29日	休　期	11月4日		12月10日	レースの日

101

2-30

ピーキングとはなにか？

　ピーキングとは、目標のレースで最大のパフォーマンスを発揮するためのトレーニング方法である。レースの日から逆算し、短期的ではなく長期的な計画として、メニューを組み立てていく。

　筋力や持久力など、ランニングに必要な体力を養うにはある程度の時間がかかる。また、新陳代謝、主観的な体の重さ軽さといった体調は、トレーニングなどの影響で、いいときも悪いときもあり、日々変化が激しい。

　しかし、そんな体調の波をきちんと把握できれば、前々から計算してトレーニングを実施することで、レース当日、ピンポイントで最高の状態が得られる。

　一般的に、フルマラソンの場合、少なくとも2～3か月単位でトレーニング計画を立てる。トップアスリートであれば、オリンピックなどの国際大会を目指す場合、6か月以上かけてピークにもっていくこともある。

　仮に「フルマラソンでサブフォーを目指す市民ランナー」がピーキングを考慮し、3か月のトレーニング計画をつくるとしよう。

　1か月目はジョギングやLSD、坂ダッシュといった、体力を向上させるための基礎トレーニングを重点的に行う。

　2か月目は、サブフォーのレースペース（1kmあたり5分30秒程度）を意識したペース走など、実践メニューを積極的にとり入れる。

　そして、3か月目は、疲労回復、持久力の再構築、レースに向けて体調を上げていく調整トレーニングなどを実施する。

　このように、時期によって狙いの異なるトレーニングを組み入れることで、レース当日に最高のパフォーマンスを発揮できるのだ。

目標のレースから逆算して考えること

6か月前

体づくり

3か月前

基礎トレーニング

1か月前

走りこみ

1週間前

調整

レース当日

2-31

心拍トレーニングとはなにか？

「今、全力の何割くらいで走っているのか」「どのくらいの強さで走ったら、ゴールまでもつのか」と疑問に思ったことはないだろうか。そんなとき、運動負荷のバロメーターが欲しくなる。

これに相当するのが、心拍数、つまり1分間に心臓が血液を送りだした回数だ。心拍数は、じっとしていると少なく、走るスピードが上がると増加する傾向にある。この最小値と最大値、そして現時点の心拍数を把握することで、走りをコントロールしていくのが心拍トレーニングである。

しくみはこうだ。最大心拍数は、その人の心臓が「これ以上速く拍動できない」という1分間あたりの回数で、20歳代がピーク。その後、年齢とともに低下するのが一般的である（もちろん心臓をしっかりと動かしてトレーニングしていれば、年齢を重ねても最大心拍数は平均ほど下がらない）。この最大心拍数は、220から年齢を引いたものがおおよその目安となる。

この最大心拍数だけでも、以下のような式で目標心拍数を概算できる。

目標心拍数＝最大心拍数×運動強度

最大心拍数の目安
＝220－年齢

運動強度（％心拍数）の目安
・50～60％：ウォーキングやジョギング、LSDなど
・60～80％：低強度のペース走など
・80～90％：強度の高いペース走など
・90％以上：インターバルなどのスピードトレーニング

一方、起床時や安静にしている状態で計測したものが安静時心拍数だ。起床時にあおむけの状態で1分間の脈拍数を数えたものが目安となる。

この安静時心拍数と最大心拍数との差が、「心臓の余裕力」であるといってもいい。この余裕力をたくさん使うときには強度の大きい運動、少し使うときには強度の小さい運動をしていることになる。そこで、特定の運動強度における目標心拍数を以下の式で求めることもある。

> **目標心拍数**
> ＝(最大心拍数－安静時心拍数)×運動強度＋安静時心拍数

　　　　心臓の余裕力

こちらはカルボーネン法として知られている。運動強度は、前の式と比べてより精度の高いものが使われる。例えば40歳、安静時心拍数70拍／分、目標とする運動強度が60％だとすると「{(220－40)－70}×0.6＋70＝136」となり、心拍数136を目安に走ればよいことになる。

この心拍数がどうすればわかるかだが、近年では移動中も使える計測器が、身近な存在になりつつある。もちろん、胸に巻いて使う本格的なタイプもあるが、脈拍数をもとに表示してくれる腕時計型やイヤフォン型が多数販売されており、気軽に扱える(p.172参照)。

心拍トレーニングの利点は、走っているときの苦しさやラクさ、つまり運動強度を心拍数でコントロールできることにある。レース中に心拍数をモニターしていれば、オーバーペースを防ぐことができるのも、応用として知っておきたい。

2-32
ランニングにおけるストレッチ

ランニングにおけるストレッチは、準備運動としてのウォームアップ、故障予防や疲労を残さないためのクールダウン、レース途中の痙攣対策、スタート直前のリラックス、ランニングフォームを修正するための可動域調整など、ランニングシーンのあらゆる場面で活用されている。

しかし、「ストレッチ＝ただ筋肉をのばす」という単純な意味だけで考えると、目的に沿わない間違ったやり方になってしまうことがあるので注意したい。

まずは、ストレッチを行う目的を考え、のばす筋肉、角度、強

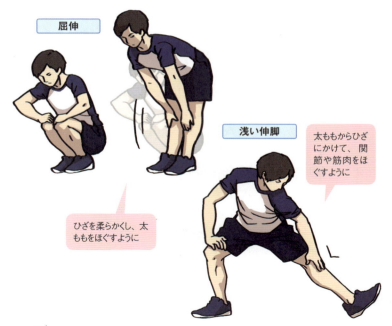

屈伸

ひざを柔らかくし、太ももをほぐすように

浅い伸脚

太ももからひざにかけて、関節や筋肉をほぐすように

度、時間をかえ、最大限の効果を追求するようにしよう。

　また、スムーズなランニングのためには上半身の柔軟性やリラックスも大切である。例えば、長時間のデスクワークなどで上半身の筋肉が凝り固まったままでは、正しいランニングフォームで走ることはできない。日常生活の中に上半身の簡単なストレッチ（p.58のひじ回し、p.60の大きな腕ふりを参照）をとり入れることで、常に走れる体の準備ができるという考え方もある。

　左図および下図は、ランナーに必要とされる代表的なストレッチである。参考にしていただきたい。

2-33
ウォーミングアップのメカニズム

　ウォーミングアップとは、軽い準備運動のこと。あらゆるスポーツに不可欠なものだが、特にランニングにおけるウォーミングアップには主に三つの目的がある。

　一つ目は、スタート直後からスムーズな走りができるよう、筋肉の温度と心拍数を上げること。

　二つ目は、「負荷の高い運動であるランニング」での故障を予防するため、関節や腱の可動域を広げておくこと。

　そして、三つ目は、ランニングにとって大切な体幹部やインナーマッスルの筋肉をあらかじめ軽く動かしておくことである。

　具体的にはまず、上肢から下肢にかけてあらゆる関節を回して、関節につながる筋肉を軽くストレッチする。このとき、特に下肢の筋肉のストレッチを強くかつ長くやりすぎると筋肉がゆるんでしまい、かえって走りづらくなるので注意したい。

　次に、体幹とインナーマッスルの軽いエクササイズを行い、正しいランニングに大切な筋肉のスイッチを入れる。

　そして仕上げとして、数分間の速歩、5〜15分程度のジョギング、軽めのウィンドスプリント数本を行い、心拍数を上げる。以上を順番にこなし、終了後はレースウェアに着がえつつ、レースのスタートまで体を冷やさないように待機しよう。

　ただし、フルマラソンを4時間以上かけて完走するような市民ランナーの場合、ウォーミングアップをしすぎると、スタート直後に脚が軽くなってオーバーペースになりやすい。関節の体操、ストレッチ、体幹のエクササイズ、速歩だけでウォーミングアップをやめ、ジョギングとウィンドスプリントは省いたほうが賢明である。

第2章 マラソントレーニングの科学

ウォーミングアップの順序

- 関節の体操
- 軽いストレッチ
- 体幹のエクササイズ
- 速歩・ジョギング
- ウィンドスプリント

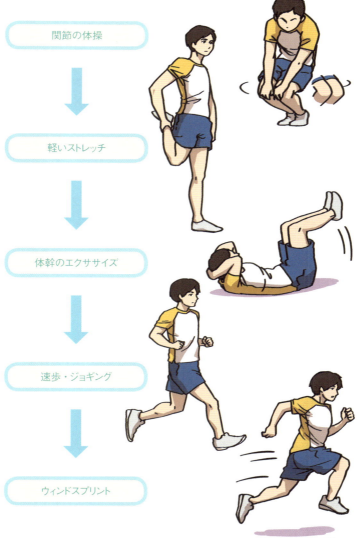

2-34
クールダウンのメカニズム

　クールダウン(クーリングダウン)とは、「ランニングなどの激しい運動をした後で、心臓や循環器、筋肉の興奮をしずめるため」「走る前の通常の状態に戻すため」に行う軽い運動のことをいう。クールダウンは、ウォーミングアップと違い、しなくてもすぐになにか問題が起きることはないかもしれない。しかし、クールダウンを省略すると故障を誘発するだけでなく、特にスピード練習などのハードなランニングトレーニングを行った場合、翌日以降に大きな疲労を残すことになる。

　トレーニングの要は「継続」。つまり、日々の積み重ねである。クールダウンも面倒がらずにしっかり行うようにしたい。いろいろな方法があるが、以下のような順番で行うとより効果的である。

　まずは、トレーニングで走ったときよりも遅い、ジョギング以下のスピードで10分程度ゆっくりと走る。このとき、地面がより柔らかい、土や芝生があれば着地衝撃が抑えられ、理想的である(芝生だと裸足でのジョギングもできる)。

　次に、ウォーミングアップでも行った、関節を回す体操だ。

　そして、トレーニングで疲労した大腿四頭筋、ふくらはぎ、ハムストリング(下肢後面)、腰、足裏、背中などの筋肉をゆっくり時間をかけてのばす。ストレッチの時間は、ウォーミングアップのときよりも時間をかけるべきである。

　できれば最後に、腰から下の下肢全体に1〜3分程度冷水をかけるなどして、アイシング(次項参照)を行いたい。一連のクールダウンを行うことで、動脈、静脈、毛細血管まで激しく脈打っていた血液の流れを徐々にしずめ、炎症の進行を抑えることができるのだ。

クールダウンの順序

軽いジョギング

関節の体操

疲労した筋肉のストレッチ

アイシング

2-35
アイシングについて

　走ることで火照った筋肉や使いすぎた関節を冷やしたり、故障した患部を冷却したりするのがアイシングである。氷嚢やビニール袋に氷を入れてつくる「アイスパック」を使ったり、氷がなければ、走った後に、冷水を使って筋肉や関節を冷やしたりするのが有効である。

　アイシングのメリットは、冷やすことにより血管を収縮させることにある。筋肉が損傷していた場合に、血管の収縮により血液量を減少させ、出血量を少なくすることができる。ほかに、細胞内にたまった細胞液や血液が細胞を圧迫し、細胞内が（二次的な）低酸素障害に陥ることもあるが、これを防ぐことができる。

　筋肉や関節の痛みにも、アイシングは効果がある。痛みのある患部から脳に痛みの情報が伝達されるが、情報を受けとった脳は患部周辺の筋肉を硬直させるよう命令をだす。これを筋スパズムというが、アイシングは筋スパズムを軽減してくれる。

　ところで、オリンピックなど世界的な大会のマラソンで、選手が脚や首に水をかけているのを見たことはないだろうか。1991年の夏に、東京で世界陸上競技選手権が開催されたが、それに先立ってやはり夏の北海道マラソンでは、どの筋肉が熱をもつのかが調査された。

　それによると、最も熱くなったのは大腿四頭筋であった。また頭部も熱をもちやすく、熱中症の発症や思考力低下につながる。そのため、暑いときのレースやトレーニングでは、大腿四頭筋の近くに水をかけたり、顔や首の周辺に水を含んだスポンジをあてたりすることで、アイシング効果を得ようとするランナーが現れるのである。

第2章 マラソントレーニングの科学

アイスパックのつくり方

製氷皿でつくった氷を
ビニール袋に入れる

氷を平らに並べ、
中の空気を吸う

空気を抜きながら袋をねじり、口をしばって閉じれば
完成(使用時は、冷やしすぎに注意する)

ランニング障害の種類とメカニズム

「走ることが好きだ。楽しくて仕方がない」というランナーの、走る楽しみを奪ってしまうのがランニング障害である。

一生懸命にトレーニングを続けると、より速くラクに走れるようになっていくが、どこかで記録ののびが止まることがある。その壁を越えようと躍起になって走行距離を増やしたとき、特によく障害が発生する。このランニング障害は、走りはじめのビギナーであっても、走歴の長いベテランであっても起こりうる。

大事なのは、障害を理解すること、そして自分でできる予防をすることである。内科的な障害と整形外科的な障害があるが、ここでは整形外科的な障害について基本的な知識を身につけよう。

ランナーは、腰部・臀部（でんぶ）、大腿、下腿、ひざ、足部（そくぶ）というように、下半身を中心に障害を抱えることが多い。ほとんどの場合、いわゆる「走りすぎ」、オーバーユースが原因である。

例えば、これまでにないような走りこみをすると、下半身の筋肉や腱は柔軟性をなくしていく。柔軟性をなくした箇所では、筋肉や腱の一部が引っ張られてしまう。その痛みがでやすい場所は、腱や靭帯（じんたい）の付着部分である。

一方、関節の屈曲を繰り返すことでも障害は発生する。関節には動きやすいように、潤滑剤として粘液が存在する。粘液が入っている袋（粘液細胞）が傷つき、その延長として炎症が引き起こされ、痛みが生じる。腱鞘炎（けんしょうえん）や関節炎などは、摩擦（まさつ）が原因で起こる障害である。

もちろん、引っ張りや摩擦以外にも障害の原因はある。いずれにしても障害に結びつきやすいのが、走りすぎることなのである。

第2章 マラソントレーニングの科学

ランナーが故障しやすいところ

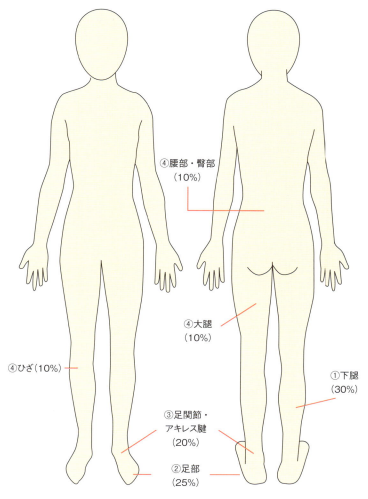

出典：林光俊・岩崎吉純『ナショナルチームドクター・トレーナーが書いた種目別スポーツ障害の診療』(南江堂、2007年)をもとに構成

2-37
ランニング障害を防ぐ方法

 すでに述べたように、ランニング障害は走りすぎ、つまりオーバーユースが原因であることが多い。そのため、右頁図2点にあるようなバランス、程度を頭において走ることが一番の予防策である。しかし走ることに使命を感じているランナーには、思う存分走れない、少ししか走らない生活は苦痛にもなる。そこで、ランニング障害を防ぐ次善の策を考えたい。

 まずは、ウォーミングアップだ (p.108参照)。ウォーミングアップは筋肉や関節を温める働きがあり、ゆっくりとジョギングするのがよい。10～15分といった短時間でも効果がある。そして、筋肉や腱をのばすストレッチだ。ストレッチは静的ストレッチでも動的ストレッチでもかまわない。

 次はクールダウンである (p.110参照)。特にレースやハードなトレーニングの後は、火照った筋肉、酷使した呼吸循環器をゆっくりと安静時の状態に戻す作業が必要になる。レースで、すでに「脚が痛い」という場合は、無理をすることはない。できる範囲で、ゆっくりとジョギングをしたり、ウォーキングをしたりするとよいだろう。早く疲労から回復させることも、障害予防につながる。クールダウンと合わせてストレッチやマッサージをするとよい。

 ランニング障害は、下半身に集中しやすい。そのため、気を配りたいのがシューズである。まずは、形やサイズが自分の足部に合っているかどうか。また履き慣れたシューズもチェックし、靴底が極端に減っていたり、ソールのクッション (シューズのバネ) がなくなっていたりしたら、早めの交換が必要である。なお靴ひもは、シューズと足部を一体化させるようなイメージで結ぶとよい。

第2章 マラソントレーニングの科学

ケガをしないトレーニングは、バランスのよいトレーニング

コンディション
- 体力・体調
- 食事・睡眠
- 体のケア

体のストレス
- 練習量
- 練習強度
- 練習頻度

走行距離とトレーニング効果、故障数の関係

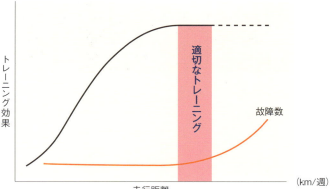

練習量（走行距離）の増加とともにトレーニング効果は高まるが、やがてトレーニング効果が得られなくなる。それと同時に故障が増える。その走行距離を見極めることが重要だが、難しい課題でもある

出典：山地啓司「マラソン・トレーニングの原理」『マラソン・トレーニング』（ベースボール・マガジン社、山地啓司・山西 哲郎・沢木 啓祐、1989年）をもとに構成

第3章

マラソンレースの科学

3-1

マラソン、長距離走の種類

　走るスポーツについて、10000mとか10kmとか、同じ距離を違う表記で見たり聞いたりしたことはないだろうか。これは、どこで競走、つまりレースを実施したのかわかる、大事な違いなのだ。

　陸上競技場内のトラックで行われるレースの場合、m単位で表記する。一方ロードレースは、陸上競技場外の道路を走ることになり、km単位で表す。そのためマラソンは、42kmと195mのレースだが、42.195kmとなる。

　トラックレースと聞くと、オリンピックや世界選手権での5000mや10000mが頭に浮かぶ。あまり知られていないが、国際陸上競技連盟（IAAF）では20000m走や30000m走、さらには1時間走などの種目も公認している。

　ロードレースについては、42.195kmのレースをマラソン、その半分をハーフマラソンというのが一般的だ。その他の距離だと、「〇〇kmレース」というのが正しい。しかし日本では42.195kmをフルマラソン、その他のレースは「〇〇kmマラソン」と呼ぶこともある。あまり分類にこだわらず、長距離走そのものをマラソンと呼ぶ人がいるためであろう。42.195km以上のレースは、すべてウルトラマラソンで、100km、100マイル（160km）、さらには200kmを超えるレースまで存在する。

　そしてここ数年、爆発的に人気が上昇しているのが、自然を相手にアドベンチャーのような要素が楽しめるトレイルランニングである。このレースには、比較的距離の短いものからウルトラマラソンのような距離のものまである。要する時間も短時間で終わるものから、数日間かけて行われるものまでさまざまである。

長距離走の主な競技種目

トラック	ロード
5000m※	5km
10000m※	10km
20000m	20km
	ハーフマラソン （21.0975km）
30000m	30km
	マラソン※ （42.195km）

※オリンピックで競技種目として実施されている

ウルトラマラソンの主な競技種目

国際陸連 （IAAF）公認	国際ウルトラランナーズ協会（IAU）公認		
トラック	ロード	トラック	室内
	50km	50km	
100km	100km	100km	
	100マイル	100マイル	100マイル
	6時間	6時間	6時間
	12時間	12時間	12時間
	24時間	24時間	24時間
	48時間	48時間	48時間

3-2
スタート方式のいろいろ

　現在、さまざまなマラソン、ランニング大会が開催されている。当然、運営方法も多様になる。注目したいのが、レースのスタート方法だ。

　一般的なのは、「よ〜い、ドン」で一斉に走りだす方法。

　しかし最近では、ウェーブスタート方式といわれるスタイルもある。これは、いいかえると「時間差スタート」。スタート地点のスペースが手狭で、参加者が十分に集まることができない場合に採用される。スタート時の混雑を避けることができるのもメリットだ。どのランナーがどの時間に出発するか、過去の記録や申告記録を基準にしてグループ分けをすることが多い。そのため走力が近い人々が、同じレースを走ることになる。ゴール付近では競い合いが見られ、記録のでやすいレースになる。世界に目を向けると、最大規模のエントリー数を誇るニューヨークシティマラソンが、ウェーブスタート方式をとっている。

　スタート地点が2か所にわたるレースもある。福岡国際マラソンでは、エリートランナーのAグループは平和台陸上競技場から、そうでないBグループは大濠公園からスタートする。両グループとも途中から同じコースを走り、共通のゴール地点を目指す。スタートを2か所にする理由は、円滑な競技運営のためと、安全への配慮からである。Aグループはスタート時に競技場を3周と350m走ってから公道にでていくのだが、仮にこれを参加者全員で行うと、競技場内が非常に混雑し、周回遅れもでて、さらに混乱する可能性が考えられるのである。

　多くの大会が全国各地で開催される昨今、このように特徴的なスタートを楽しんでみるのもおもしろい。

第3章　マラソンレースの科学

一斉スタート

一般的なスタート方式で、東京マラソンなど多くの大会で採用している

ウェーブスタート

人数を区切り、グループごとにスタートする方式。走力に合わせてレースをすることが可能で、記録もでやすいのが特徴

複数箇所スタート

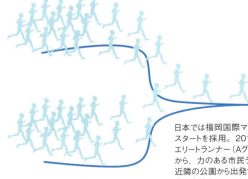

日本では福岡国際マラソンが、2か所からのスタートを採用。2016年12月の大会でも、エリートランナー（Aグループ）が陸上競技場から、力のある市民ランナー（Bグループ）が近隣の公園から出発するようにし、1.6km地点で合流させている。混乱を避けるのが狙い

3-3
マラソン大会にまつわる問題

　レースに出場しようと思い立ったら、参加を申しこんで登録することになる。今の主流は、インターネットを使うスタイルだ。この「エントリー」にまつわることで、マラソン大会に問題が起こっているという。

　例えば東京マラソンでは、規定期間内にエントリーしたランナーを対象に抽選が行われ、参加者が決められる。その倍率は10倍を超え、走りたくても走れないランナーが多くでる。一方、先着順に参加者を登録していくスタイルの大会もあり、「エントリー開始から〇時間で締め切られた」と話題になる。残念ながらいずれにおいても、マラソン大会参加の前に大きな壁が立ちはだかっているといえる。抽選に落ちたことを嘆くランナーや、受付開始時間にクリックを繰り返す努力を余儀なくされたランナーはたくさんいるはずだ。

　そもそも、マラソン大会を楽しむ準備はいくつかあるが、ぬかりないトレーニングが第一であるはずだ。トレーニングはラ

参加者が多い東京マラソンでも…

第3章　マラソンレースの科学

ンナー自身の努力でなんとかなるが、エントリーすら難しいのでは…。解決方法はあるのだろうか。

　さて、1人のランナーは、年に何回マラソンを走ることができるのか。マラソン大会が集中する秋から春まで、毎月走るようなことは難しい。ランナー自身が「何回なら走れるか」を考えれば、おのずとエントリーできる大会数が、そしてエントリーすべき大会がわかってくる。昨今騒がれているマラソン大会のエントリー問題、もしかしたらランナー自身のモラルを高めることで解決できることなのかもしれない。

健康ブームの影響により、近年のランニングブームには目を見張るものがある。大人数が参加するような大会でも、その何倍もの申しこみが殺到するのは珍しくない。写真は2016年2月の東京マラソン
写真提供：時事

3-4

目標タイムの設定方法

　スタートラインにつくまでの準備の一つに、「どのぐらいの時間でゴールするか」という目標を決めることがある。繰り返しになるが、目標の距離と時間がわかれば、どのくらいのペースで走ればいいのかを割りだせるからだ。

　ただ、初マラソンのランナーやレース経験の浅いランナー、そして力をつけはじめたランナーは、目標時間の設定に悩むことになる。以下、熟練度別にフルマラソンのタイム目安を示すので、参考にしてほしい。

☑ ビギナー

　走りはじめたばかりのランナーにとって、マラソンの目標は「ゴールすること」につきる。できれば42.195kmを走り通して完走したい。すると、目標タイムは5〜6時間となる。

☑ 初マラソンを経て、ステップアップを目指すランナー

　初マラソンを経験すると、もっと記録を短縮したいと欲がでてくる。走ることが習慣になりつつあるが、トレーニング量がそれほど多くないランナーは、4〜5時間が目標になる。

☑ サブフォーを目指すランナー

「私はランナー」と胸を張っていえるタイムが、4時間を切るサブフォー。市民ランナーの目標とされる代表的記録である。週末にペース走やLSDで長い距離を走り、平日はジョギング中心のトレーニングをするのがモデルとなる。

☑ サブ3.5〜サブスリー

このクラスのランナーは、十分なトレーニング量だけでなく、豊富なレース経験をもっていることが多い。ランナー自身で、トレーニングやレースをマネージメントできるだろう。

▎月間走行距離から目標タイムを決める方法も

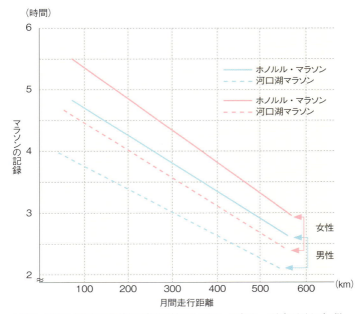

上図は、マラソンの記録と月間走行距離の関係を示したもの。日本でレースを走るとすれば、例えば男性の場合、月間100kmを走ることでサブフォーを達成する可能性が高くなり、月間300km以上走っていなければサブスリーの可能性は低くなる。ほかのトレーニング内容にもよるが、走行距離から目標タイムを想定するという方法もある

出典:繁田 進ほか「大衆ランナーのフルマラソン完走度に関する調査研究」『東京学芸大学紀要.第5部門,芸術・体育』(37巻、pp.165-173)をもとに構成

3-5
レースの日の食事法

　トップランナー、サブスリーやサブフォーを目指すランナー、大会の制限時間の6〜7時間を最大限に使って完走を目指すランナー。それぞれ、レース中に必要とするエネルギーは異なる。いずれにしてもレースのあいだ、筋肉を動かし続けるエネルギーは必要で、当日だけでなく3日くらい前から、炭水化物を多く含む食品を摂取し、筋肉にエネルギー源となるグリコーゲンを蓄積させるようにしたい。米（めし）やパン、もち、パスタ、うどんなどの主食となる食品、またカステラや大福などの食品には、グリコーゲンのもとになる炭水化物が多く含まれる。特にカステラや大福からは、効率よく摂取することが可能だ。

　レース当日や前日には、スタート時刻、スタートからゴールまでにかかると想定される時間に配慮しよう。

　近年、全国各地で開催されている一般レースのスタートは、9時ごろに設定されている場合が多い。これは、トップアスリートが集う国際レースのスタート、つまり12時ごろと比べると早い時刻だ。このようにスタートが早い場合は、朝食によるエネルギー補給に加え、前日の夕食からのエネルギー補給も必要となる。パスタに含まれる炭水化物は、摂取後、時間をかけてエネルギー源になる。レースの前日にパスタなどを食べれば、翌日のレースに役立つだろう。

　また、スタートからゴールまで時間がかかると想定される場合は、脂質の摂取も有効だ。レース前日の夕食、また当日の朝食でも少し摂取して、長時間の運動に備えよう。

第3章 マラソンレースの科学

炭水化物を多く含む食品の例

食品	パスタ	めし	もち	うどん
1人分の目安	1皿	茶碗1杯	5cm角（厚さ1cm）	1玉
重さ（g）	240	130	50	250
エネルギー量（kcal）	370	218	117	263
水分（g）	145	78	22	188
食品1gあたりのエネルギー量※（kcal）	1.5	1.7	2.3	1.1
食品1gあたりの炭水化物のエネルギー量※（kcal）	1.3	1.4	2.0	0.9

食品	食パン	カステラ	バナナ	あんぱん	大福
1人分の目安	1枚（6枚切り）	1切れ（厚さ2cm）	1本	1個	1個
重さ（g）	60	50	160	100	60
エネルギー量（kcal）	158	160	138	280	141
水分（g）	22.8	12.8	120.6	35.5	24.9
食品1gあたりのエネルギー量※（kcal）	2.6	3.2	0.9	2.8	2.4
食品1gあたりの炭水化物のエネルギー量※（kcal）	1.9	2.5	0.9	2.0	2.1

※数値が高いほど、効率よくエネルギーを摂取できる

出典：文部科学省「日本食品標準成分表2015年版（七訂）」をもとに構成

3-6
レースでのウォーミングアップ

　フルマラソンでは、実業団選手のようなトップランナーでも2時間以上走り続ける。初心者ほどそれは長引き、例えば、東京マラソンでは、6時間以上動き続けてゴールするランナーもいる。

　いずれにせよ、十分にトレーニングを積んで、LT値(p.82参照)ギリギリの強度で走ることが重要になる。それよりも速いスピードで走れば、必ずレース終盤の失速を招く。それゆえに、マラソン前のウォーミングアップについては、実は賛否両論がある。しなくていいのか、それともしたほうがいいのか。

　「しなくてもいい」派の主張は、次になる。第一に、42.195kmという長い距離を走るため、前半をウォーミングアップのつもりで走ればいいというものである。次に、特に長い時間かけて走るランナーであれば、ウォーミングアップをしないことでエネルギーを少しでも温存できるという考え方もある。

　一方「したほうがいい」派は、LT値レベルのペースであってもウォーミングアップすることでそのペースに早くなじめること、ウォーミングアップすることで精神的にリラックスできるメリットがあると主張する。また事前のジョギングの上下動で膀胱が刺激され、トイレに行くことにもつながるという。

　マラソンのウォーミングアップは、ランナーの走力によって考え方をかえたほうがいい。ゴール時間が比較的早いランナーは、少しでもジョギングなどをしたほうがいい。その一方、ゴールまで時間のかかるランナーは、事前の会場までの移動もウォーミングアップとなるので、ストレッチや体操をする程度でよい。判断の境界は、ゴール記録にすると3時間30分〜4時間くらいであろう。

市民ランナーにウォーミングアップは必要？不要？

ウォーミングアップ

必要論

ゴール時間が比較的早いランナーに必要

- レースペースに早く慣れる
- 精神的にリラックスできる
- 体調を把握できる
- トイレに行くことにつながり、レース前にすませておける

不要論

ゴールまで4時間以上かかるランナーには必要ない

- エネルギーを温存したほうがいい
- レース前半がウォーミングアップに相当する

3-7
スピード派とスタミナ派のレース戦略

　よく「あのランナーはスピードがある」「このランナーの特徴はスタミナがあることだ」という会話がある。たしかに筆者（山本）は、スピード派のランナーとスタミナ派のランナーがいるように思う。しかし、この二つのタイプを区別する明確な定義があるわけではない。見分けるとすれば、レース終盤の戦略の立て方がポイントになる。ゴール直前でのラストスパートに自信があればスピードタイプ、そうではなくロングスパートを考えるランナーはスタミナタイプと判断するのはどうだろうか。

　2時間13分のベスト記録をもつ福永勝彦さん（専修大学から小森コーポレーション）は、大学院でスピードタイプとスタミナタイプの調査をした。対象は大学生で、ハーフマラソンについての質問が主であったが、とてもおもしろい結果がでた。スピードタイプは競技場でスピード練習をするのが好きで、スタミナタイプは競技場ではなく、ロードを走ることを好んでいた。レースでは、自身をスタミナタイプだと思っているランナーのほうが、好記録をだす傾向にあったという。

　自分をスピードタイプだと思っているランナーは、速く走ることができるだけに、レース前半ではオーバーペースになるのかもしれない。スタミナタイプのランナーは、おのずと前半は抑えたペース配分をし、後半に備えている。それがよいレースにつながっているのである。この調査はハーフマラソンについてのものだが、フルマラソンにおいても同じ傾向はあるのではないだろうか。やはりマラソンでは、前半をオーバーペースにならず、後半にスタミナを残しておく戦略が重要である。

第3章 マラソンレースの科学

スピードタイプとスタミナタイプの特徴

	スピードタイプ	スタミナタイプ
特徴	ラストスパートに自信がある	ラストスパートよりロングスパートのほうが好き
トレーニング	スピードをだして走るトレーニングが好み	長い距離を走るトレーニングが好み
練習場所	トラックが好み	ロードが好み
レースの傾向	前半から積極的	イーブンペース

レースでの対策	前半のペースを抑えて、後半に余力を残す	上手なペース配分が特徴だが、記録更新には冒険も必要

走速度から見たレースペースの分類

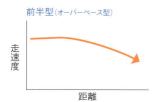

前半に貯金をつくろうとするランナーに多いが、後半の落ちこみが大きくなるため、戦略的にはマイナス

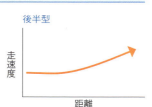

効率的であり、適切なペースを維持できれば、好記録が期待できる

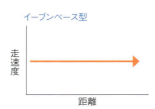

好記録は望めないが、逆転や勝つことを重視するレースには一考の余地あり

3-8
長距離走競技のルールについて

　最近では、陸連（日本陸上競技連盟）に登録する市民ランナーも目立つようになった。この登録ランナーが陸連公認レースで記録を認めてもらうには、厳格なルールが適用される。そのルールに違反すると、レースで「失格」になる。

　失格になる事由には、どのようなことがあるだろうか。薬物使用やかえ玉出走は当然ダメである。決められたコースを走ることも重要。また、スタートの合図後に走りだし、ゴールをトルソー（胴体）が越える必要がある。マラソンやロードレースの場合、コースを外れてトイレに行くことは可能だが、ゴールに近い場所からのレース復帰は失格になってしまう。

　市民ランナーにとって興味深いのは、「助力」の禁止である。他者がランナーに触れることや、ランナーどうしで体を押しながら走ることは助力になる。ただ、体に触れることについては例外もある。体調が悪いランナーを、主催者側のスタッフが検診することは認められるのだ。

　エイドステーションにも注意が必要である。つまり、大会が用意した場所以外で飲食物の提供を受けてはいけない。私設エイドは市民ランナーの楽しみであるが、本来はセッティングされたエイドのみを利用できる。さらには携帯電話やラジオ、デジタルオーディオ機器などの使用も認められない。

　市民マラソン大会では、多くのランナーが参加し、彼らがレースを楽しむことに主眼がおかれる。そのため陸連登録ずみのランナー以外の一般参加者に対し、失格のルールを厳格に適用した例は見たことがない。

マラソン大会で失格になる例

- ☑ エントリー後の代理出走
- ☑ 2回以上の不正スタート（フライング）
- ☑ ほかのランナーに触れること
- ☑ 規定のエイドステーション（給水ポイント）以外での飲食
- ☑ トイレなどのためにコースを一時的に離れたあと、ゴールに近い位置から走行を再開すること

スタート地点ではまわりに配慮を

混雑しやすいスタート地点では、特にほかのランナーに触れないように注意したい。スタートラインより前に体の一部がでるのもNG

3-9

レースのときのシューズと服装

　レースの準備はトレーニングだけではない。シューズやウェアも戦略の一つになりうる。

　まずはシューズ。走力によって選択をかえるべきだ。ビギナーであれば、普段のトレーニングで履き慣れているものがよい。走力がついてくると、ソールの厚いシューズよりも薄いものを好むようになる。着地時に地面からの反発を感じるためだ。また離地時に地面を蹴る力が靴底に吸収されるのを防ぐ意味もある。しかしあまりにも薄いソールのシューズを使うと、着地時の衝撃が強くなるため、脚筋の疲労を早期に招き、故障の原因にもなる。最近はほどよい厚みのソールで軽量のシューズが多く販売されており、レース用としておすすめしたい。

　ウェアにも気を配ろう。選択のポイントは気温である。例えば寒く感じる日のレースでは、サブスリーくらいまでを目指すランナーなら、ランニングシャツやTシャツ、ランニングパンツで十分である。それ以上時間をかけてゴールするランナーは、タイツや長袖シャツを着用する。低体温になることを防ぐのである。しかしホノルルマラソンのように温暖な気候の中で走るレースなら、ビギナーからサブスリーランナーまで、ランニングシャツとランニングパンツで十分だ。

　日ざしの強い日は、キャップをかぶるのも有効。最近は、紫外線による目の疲労が指摘されるようになったので、サングラスの着用を検討してもいいだろう。いずれもトレーニングで試し、違和感なく走ることができれば、レースで使用しよう。大事なのは、慣れないことをレース本番でしないことである。

第3章 マラソンレースの科学

レース時のウェア

暖かい(暑い)時期のレースでは、ランニングシャツにランニングパンツが基本になる。寒い時期でも、サブスリーを達成するレベルの走力があるランナーは、このスタイルとなる。寒さを感じるのであれば、アームウォーマーやTシャツを使用するとよい

3時間30分から4時間30分くらいでフルマラソンを走るランナーは、ランニングシャツよりもTシャツや長袖がいいだろう

寒い時期のレースで、サブフォーを目指すランナーやゴールすることを目的としているランナーは、長袖でボトムスの下にタイツを履いて防寒することが多い。低体温症を防ぐためだ

137

3-10
成功の秘訣はよい緊張感にあり

　本番のレースになれば、誰もが緊張する。例えば、マラソンの最高峰は、オリンピックであり、世界選手権である。トップランナーがこの大舞台を走るのであっても、多かれ少なかれ背筋がのびるのは当然である。ただ、レースの大小を問わずランナー自身にとっての大舞台であれば、緊張感のあるスタートになる。これはトップランナーから市民ランナーまで共通することだ。レースで結果をだすために、緊張感をどのように操るのか考えてみよう。

　レースで力をだすためにはメンタルコンディションが大事であるという。メンタルトレーニング（メンタルプラクティス）という心を鍛える方法があり、そこではリラックスの必要性が説かれる。しかし筆者（山下）は、よい結果をだそうとするとき、緊張することがとても大事だと思っている。緊張することによって体が思うように動かせず、もてる力が発揮できないというのなら、緊張にいいところなしである。しかし、普段の練習以上の力が発揮できたり、アスリートが「ゾーン」などと呼ばれる超集中状態に入れたりするのは、根底に緊張感があってこそだと思う。

　したがって、緊張感がマイナスに働きそうだと感じたときは、「おっ、いい集中力が発揮できそう！」「この緊張感があるからこそ、普段以上の力がだせる！」などと、自分で自分に声をかけてみてはどうだろう？　自分を俯瞰し、緊張している自分をおもしろがる心のゆとりをもつことが秘訣である。

また緊張感については、こういう考え方もできる。レースに向けてよい準備ができていないと、「後半にバテそう」「きつくて嫌だな」といったネガティブな考えや思いが浮かびがちである。大会のときや、ここぞというときに、どうしても緊張して本来の力が発揮できないタイプのランナーは、日ごろのトレーニングで大会のシミュレーションをするのがおすすめ。例えば、模擬レースとしてタイムトライアルのようなトレーニングをするなど、レースにのぞむための心の準備をしっかりしておくとよい。「練習はレースのように！」「レースは練習のように！」ということなのだ。

いずれにせよ皆さんへのアドバイスは、「緊張感をうまく利用する」ということにつきる。緊張感を味方につければ怖いものはない。

3-11
レースを制するペース配分

　筆者(山本)は以前、2万人規模のマラソン大会の結果について調べたことがある。完走者全員の記録を分析して見えてきたのは、よいレースとなるペース配分、記録がでやすいペース配分だった。

　調査の方法は、以下のとおり。まず、ゴール記録によって、2時間15〜30分、2時間30分〜2時間45分、というように、15分ごとにランナーを分類した。次に、5kmごとのタイムの推移をグループ別に考察していく。

　すると、ゴールが速く上位で完走したランナーほどイーブンペースで走り、ゴールが遅いランナーほどペースを維持できず、失速していたことがわかった。しかも、ゴール記録が悪くなるほど、早くから失速していた傾向にある。この傾向は、男性ランナーにも女性ランナーにも見られた。

　ちなみに、一流選手といわれるトップランナーには、レース中の駆け引きがあり、ペース配分も戦略の一つになる。したがって、上記の考察はトップランナーには当てはまらない。

　市民ランナーに話を戻そう。ほとんどの人が、レースを終えたとき、記録がどうだったかを気にすると思う。では、マラソンを上手に走るにはどうすべきか。それは「イーブンペースで走ること」と断言できる。イーブンペースこそが、好記録を期待できる唯一の作戦なのである。よく「前半を速く走って貯金する」というランナーがいる。しかしこのランナーは、前半貯金しようとした分だけ後半に失速するという、しっぺ返しをくらうのである。

　マラソンは我慢のスポーツだ。ペースを守って走るために、心も体も、まさに我慢の連続なのである。

市民ランナーのレース展開例

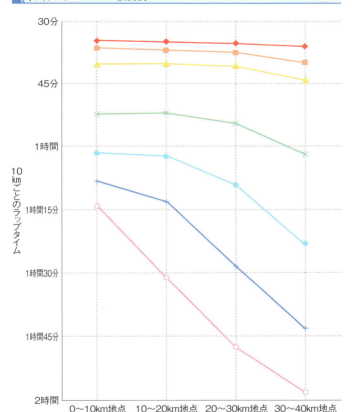

フルマラソンのタイム

上図は、男性の市民ランナーについて、ラップタイムの推移を示した例。上位でゴールする記録のよいランナーほどイーブンペースで走っていることがわかる。女性にも同じ傾向が見られる

出典:『東京工芸大学工学部 紀要』(9巻、p.102～107、2005年)をもとに構成

3-12

タイムを決める最大酸素摂取量とVDOT

　長距離走は有酸素運動である。すなわち、体にとりこむことができる酸素の量が重要になる。この最大値は、体が大きい人のほうが多く、また女性よりも男性のほうが大きいため、単純に他者と比較できない。そこで1分間あたりの量をさらに体重で割り、「VO_2 max/wt」と表す。この「最大酸素摂取量」なら、有酸素運動の能力を評価する際の指標にしたり、他者と比較したりできるのだ。

　VO_2 max/wtを知るには、大学や研究所などの施設で測定するか、12分間で走った距離から予測する。12分間走の結果から求める場合は、「VO_2 max/wt（mL/kg/分）＝ 12分間の走行距離（m）× 0.021 － 7.233」といった式が使われる。

　レースに出たいと思い、VO_2 max/wtを計測する市民ランナーがいるのは、この値が大きな人ほど速く走る可能性があるためである。実際、一流選手が70～80mL/kg/分台、サブスリーを達成したランナーは60mL/kg/分を超えるといったように、数値が話題になることもある。

　ただし、実際のマラソンの記録には、前述のLT値、ランニングエコノミーなど、ほかの要因も影響してくる。だからこそ、トレーニングをコツコツ重ねていくことが必要なのである。

　ところで、元オリンピック選手で陸上競技のコーチでもあるジャック・ダニエルズ氏は、VO_2 max/wtをベースにした走力をはかる指標として「VDOT（ブイドット）」を提唱している。この値は、自分の過去の記録と、彼が作成した表によって導きだせるのが特徴。同じ表を使って、レースの目標記録やトレーニングの目安を考えることも可能だ。参考にしてはいかがだろうか。

第3章 マラソンレースの科学

VDOTによる記録の推定

VDOT	1500m	3000m	5000m	10km	ハーフマラソン	マラソン
30	8分30秒	17分56秒	30分40秒	63分46秒	2時間21分04秒	4時間49分17秒
31	8分15秒	17分27秒	29分51秒	62分03秒	2時間17分21秒	4時間41分57秒
32	8分02秒	16分59秒	29分05秒	60分26秒	2時間13分49秒	4時間34分59秒
33	7分49秒	16分33秒	28分21秒	58分54秒	2時間10分27秒	4時間28分22秒
34	7分37秒	16分09秒	27分39秒	57分26秒	2時間07分16秒	4時間22分03秒
35	7分25秒	15分45秒	27分00秒	56分03秒	2時間04分13秒	4時間16分03秒
36	7分14秒	15分23秒	26分22秒	54分44秒	2時間01分19秒	4時間10分19秒
37	7分04秒	15分01秒	25分46秒	53分29秒	1時間58分34秒	4時間04分50秒
38	6分54秒	14分41秒	25分12秒	52分17秒	1時間55分55秒	3時間59分35秒
39	6分44秒	14分21秒	24分39秒	51分09秒	1時間53分24秒	3時間54分34秒
40	6分35秒	14分03秒	24分08秒	50分03秒	1時間50分59秒	3時間49分45秒
41	6分27秒	13分45秒	23分38秒	49分01秒	1時間48分40秒	3時間45分09秒
42	6分19秒	13分28秒	23分09秒	48分01秒	1時間46分27秒	3時間40分43秒
43	6分11秒	13分11秒	22分41秒	47分04秒	1時間44分20秒	3時間36分28秒
44	6分03秒	12分55秒	22分15秒	46分09秒	1時間42分17秒	3時間32分23秒
45	5分56秒	12分40秒	21分50秒	45分16秒	1時間40分20秒	3時間28分26秒
46	5分49秒	12分26秒	21分25秒	44分25秒	1時間38分27秒	3時間24分39秒
47	5分42秒	12分12秒	21分02秒	43分36秒	1時間36分38秒	3時間21分00秒
48	5分36秒	11分58秒	20分39秒	42分50秒	1時間34分53秒	3時間17分29秒
49	5分30秒	11分45秒	20分18秒	42分04秒	1時間33分12秒	3時間14分06秒
50	5分24秒	11分33秒	19分57秒	41分21秒	1時間31分35秒	3時間10分49秒
51	5分18秒	11分21秒	19分36秒	40分39秒	1時間30分02秒	3時間07分39秒
52	5分13秒	11分09秒	19分17秒	39分59秒	1時間28分31秒	3時間04分36秒
53	5分07秒	10分58秒	18分58秒	39分20秒	1時間27分04秒	3時間01分39秒
54	5分02秒	10分47秒	18分40秒	38分42秒	1時間25分40秒	2時間58分47秒
55	4分57秒	10分37秒	18分22秒	38分06秒	1時間24分18秒	2時間56分01秒
60	4分35秒	9分50秒	17分03秒	35分22秒	1時間18分09秒	2時間43分25秒
65	4分16秒	9分09秒	15分54秒	33分01秒	1時間12分53秒	2時間32分35秒
70	4分00秒	8分34秒	14分55秒	31分00秒	1時間08分21秒	2時間23分10秒
75	3分46秒	8分04秒	14分03秒	29分14秒	1時間04分23秒	2時間14分55秒
80	3分34秒	7分37秒	13分17秒	27分41秒	1時間00分54秒	2時間07分38秒
85	3分23秒	7分14秒	12分37秒	26分19秒	0時間57分50秒	2時間01分10秒

出典:J Daniels *Daniels' Running Formula, Third Edition* (Human Kinetics, 1998)をもとに構成

3-13
レースは前日からはじまっている

　なにごとも、万全な準備なくして成功は成し得ない。マラソンも同じで、前日からすでにレースははじまっている。

　間際であっても、すべきことはいくつか残っている。まずは、「何時間後にスタートするのか」をイメージすること。イメージできれば、これからなにをすべきか考えられる。例えば、食事もその一つだ。食事をしながら、レース当日の行動をシミュレーションしておこう。そして最後は睡眠である。

　レース当日は、朝食をとりながら再度ペースの確認だ。レース会場ではゼッケンを確認したりトイレに行ったりと、着々と準備を進め、慌てることなくスタートを待ちたい。そのために1時間〜1時間30分前には現地に到着しておくことをおすすめする。こうして無事にスタートラインに立てれば、シミュレーションどおりにレースを走るだけである。

　さて、レースが終わった後の備えとして忘れてはならないのが、体のケアである。レース直後から、免疫力が低下し、風邪をひきやすい状態になる。これを防ぐ一番の方法は、体を冷やさないこと。特に冬場のレースでは、寒さを感じないように着るものを用意しておいたほうがいい。またレース後の体は、基本的に脱水状態にある。すぐにビールを飲みたいランナーは注意しよう。この状態で飲酒すると、さらに脱水が進んでしまう。まずはミネラルやナトリウムを含むスポーツドリンクなど(p.158参照)を摂取するのが望ましい。

　一息ついたその後は、ランナーにしか味わえない至福の時間が待っている。ときにビールを片手に、レースを振り返ろう。一人でもよし、仲間とならさらによし、である。

第3章 マラソンレースの科学

レース前日

ほどよく食べて睡眠をとる

レース当日

朝食をとって、スタートの1時間～1時間30分前までには会場へ

3-14

オーバーペースで体に起きること

　オーバーペースは、フルマラソンなどの長距離レースにおいて、「やってはいけない失敗」の一つである。例えば、サブフォー、フルマラソンで4時間を切ることを目指す例で考えてみる。

　サブフォーの平均ペースは、1kmあたり5分40秒。ただし、給水やトイレなどのロスタイムを考えると、1kmあたり5分30秒程度が現実的である。しかし、実際のレースでは、周囲で走る大勢のランナーにペースを惑わされることが多い。スタートから数kmの序盤をつい、目標より速すぎるペースで走ってしまうのだ。

　このときは体もまだ元気な段階であり、興奮して気持ちがたかぶっていることなどもあって、オーバーペースでもそれに気づかず、疲れを感じることはあまりない。しかし、トレーニングで仕上げてきた本来のペースは、ずっと走り続けることができる速度、つまり、有酸素運動範囲内のペースである。気づかずに続けてしまった前半のオーバーペースが、知らず知らずのうちに筋肉の疲労を引き起こし、後半に急激なペースダウンを招いてしまう。このとき体内では、酸素やグリコーゲンの不完全燃焼が起きてしまっていることが考えられる。また、前半のオーバーペースにより、体脂肪をエネルギーにかえて運動する代謝系もうまく働かなくなる。そうして結果的に、後半のエネルギー切れにつながっていくのだ。

　フルマラソンの場合は最初の5km、ハーフマラソンの場合はスタートからの2kmまでを特に注意したい。速すぎるペースにならないようにするのはもちろんのこと、できるだけ有酸素運動になるよう、ときどき深呼吸をとり入れるなど、しっかり呼吸をしながら走ることが肝心である。

第3章 マラソンレースの科学

ハーフマラソンとフルマラソンのペース配分

ハーフマラソンの場合

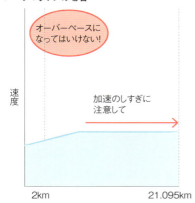

イーブンペースのポイント

- ☑ 「サブフォー」を目指す場合、1kmを5分30秒で走れたら十分

- ☑ 「急がば回れ」、前半に飛ばすと後半の急激なペースダウンを招く

- ☑ 特にスタート地点付近では、ほかのランナーのペースに惑わされ、あせらないように

フルマラソンの場合

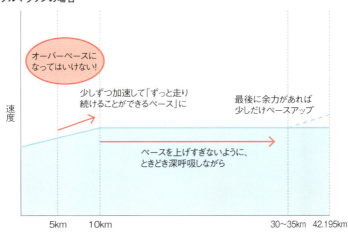

147

3-15

中間走のコツ

　中間走とは、例えばフルマラソンの場合、スタートから10km以上走り続け、体が十分に温まって心臓も筋肉もうまく機能するようになってから、後半に疲労がでてくるまでの走りを指す。

　フルマラソンにおいて「10kmの魔物」という言葉がある。10kmをすぎたあたりから体が急に軽くなり、スピードを上げたくなる衝動がわき上がる状態のことだ。衝動にかられて急激にスピードをだしてしまったとする。一時的なペースアップはできるが、そのつけは、必ず後半のダメージとなって体に襲いかかってくる。場合によっては脚が痙攣して走行不可能な状態になることもある。

　ランニングでの中間走は、自動車が高速道路を走行しているようなものである。上手なドライバーは、ギアを高めに設定しながらアクセルを踏みすぎず、エンジンの回転数をできるだけ抑えることで燃費を抑える。もちろん、急ブレーキや急加速は厳禁である。

　ランニングの場合も同様。エイドステーションの前で急に減速する、給水の直後に急激なペースアップをするなど、無駄な動きはできるだけしないこと。効率的な走りとペース配分を心がけ、後半に備えることがレースの成功につながることを忘れないようにしよう。

　中間走で大事なのは、精神の集中である。走るリズム（ピッチ）、呼吸、無駄のないランニングフォーム、最短距離をとるコースワーク、上り坂で心拍数を上げすぎないこと、下り坂でブレーキをかける走りをしないことなどに意識を集中し、淡々と走ることだ。

　さらに余裕があれば、深呼吸を何度も繰り返すこと、できるだけ上半身をリラックスさせることで、疲労の蓄積を最小限に抑えることができる。

中間走で気を配るポイント

3-16
集団で走るときのコツ

　フルマラソンに限らず、出場人数が多いロードレースでは、集団で走る場面が多い。数千人以上の参加者がいる場合、まずは、スタート時点でロスタイムが発生する。また、ロスタイムを経過してスタートラインをすぎてからも、人が多すぎて思うように前に進めないこともある。そんな混雑した状況でも、人ごみをかき分けながら進むようなことはしないほうがいい。蛇行走行は、左右の重心バランスを崩すだけでなく、転倒などの危険をともなう。また、左右にステップを踏むような走り方をすると無酸素運動になってしまい、1kmごとのペースは守っていても、オーバーペースのような状態になることがある。

　レースがある程度進行してからも、集団で走ることはあるだろう。風が強い天候のときは、集団の後方を走ることで、風を受ける量を減らすことができる。このような場合、自分のすぐ前を走るランナーとピッチやストライドが合わないと、走りづらくなるだけでなく、お互いの足先が接触してしまう可能性がある。そんなときは、できるだけピッチやリズムが合うランナー（身長などが自分と近いランナー）の後ろにポジションをかえよう。また、横に並んでいるランナーとの間隔もあまり近すぎないように注意したい。お互いの腕振りが接触してバランスを崩すことになる。

　集団の中を走っていて、道路がカーブしているコースになったときや折り返しのコーンを回るときも注意したい。無意識にインコースをとろうとすると、ほかのランナーと接触して転倒してしまうこともある。

　同様に、集団走行をしている最中にエイドステーションが近づ

いたとき、慌てて給水テーブルに近づいて、ほかのランナーの前に割りこむ形で接触することがある。集団で走る場合は、周囲に十分気をつけながら走ることが大切だ。

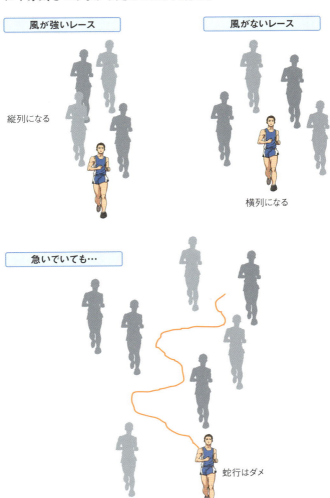

3-17
単独で走るときのコツ

　参加人数が比較的少ないロードレースでは、レース中に単独走行になることがある。レースでの単独走行は、集団走行と比較して、周囲のランナーとの接触などを気にすることなく、マイペースでのびのびと走れる利点がある。しかし、天候が悪く風が強い場合などは、1人で対処することになる。

　単独走で向かい風が強いときは、ランニングフォームをコントロールしてやり過ごそう。まずは、脇を少し締めて腕振りをする。そうすることで、風を受ける面積をできるだけ少なくする。

　さらに風が強い場合は、走る際の前傾角度を大きくすることで対処する方法もある。人間が二足歩行で進むとき、体が垂直に立つことはない。誰でも体がやや前に傾いているのだ。前傾によって自体重を利用し、前に進む推進力を得ている。通常より少し深い前傾姿勢にすれば、前傾の推進力と向かい風のエネルギーが拮抗する。それらのバランスをうまくとることで、向かい風でもうまく走ることが可能だ。うまくいけば、ヨットのセイル（帆）のような効果が生まれ、着地衝撃を減らしながら走ることもできる。

　また、単独走行ではペースをつくることが苦手なランナーもいるだろう。長距離走では、できるだけ一定のペースとリズムで走るほうが疲労は少ないが、コースのアップダウンや風などの条件でペースは乱れがちだ。そんなときは、走りながら視線の先に目標物を定めて、そのスピード感でコントロールするといい。視覚と風景の流れ方を活用して、ペースコントロールができるようになると、単独走行でもペースが乱れにくくなる。ただし、道幅が広い道と狭い道では視線による相対的なスピード感がかわるので注意が必要だ。

第3章 マラソンレースの科学

1人で走るときは…

やや前傾の姿勢をとり、その方向に力を入れる

脇を少し締め、風を受ける面積を小さくする

向かい風

相対的なスピード感を左右する「道幅」

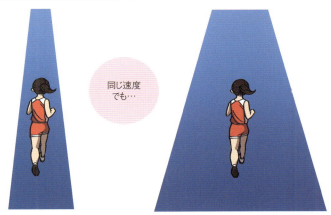

同じ速度でも…

道幅が狭いと、速く感じる

道幅が広いと、ゆっくりに感じる

153

3-18
レース途中で役に立つリラックス法

　ランニングは長時間、腕や脚の局所の筋肉を前後に繰り返し動かして前進する運動である。そのため、肩や腕、腰やひざなど、筋肉にも大きな負担がかかってしまう。特にトレーニング不足や体調不良の場合には、体幹を維持できずにフォームが崩れ、その負担は大きくなる。また、レースの後半、特に30kmをすぎたあたりから生じる疲労は、これらの物理的刺激が繰り返されることによる筋肉の疲労やエネルギーの不足、水分不足による血液循環の不良、疲労物質の蓄積など、さまざまな原因で起こる。

　血液循環をよくするためには、ランニング中に腕をだらりとおろしたり、肩を回したりして筋肉の緊張をほぐすようにするとよい。特に肩甲骨周辺の筋肉の柔軟性は呼吸器官や腕振りに影響するため、レース後半に奏功する。また、適度な水分の補給は血液循環をよくし、身体機能を調整するホルモンや酵素の働きを高める。

　ほかに、肺が心臓などの呼吸循環器系を介して体に空気中の酸素を行きわたらせることで、エネルギーはつくりだされるが、これができなくなると疲労しやすくなる。深呼吸をしたり、胸を開くようにしたりするのも効果的である。

　自分のペースやリズムに合うランナーを見つけて並走したり、周囲の景色を見たり、沿道の声援に笑顔で対応したりすることも気分転換になるだろう。近年、自発的な笑い（スマイル）が体温や心臓の働きを調整する自律神経系に影響するという研究がある。呼気を大きくする（息を大きく吐く）と自律神経系の副交感神経が刺激され、リラックス効果を期待できる。

肩甲骨には6つの動きがある

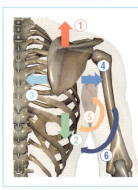

① 肩甲骨を引き上げる動き（挙上）。肩をすくめることになる
② 肩甲骨を引き下げる動き（下制）。肩を落とすことになる
③ 肩甲骨を背骨側に寄せる動き（内動）。胸を張ることになる
④ 肩甲骨を外側へ離す動き（外転）。肩を丸めることになる
⑤ 肩甲骨が外側と上方へ開くような動き（上方回旋）。「バンザイ」の格好
⑥ 肩甲骨が内側と下方へ閉じるような動き（下方回旋）。脇を締めることになる

自律神経系（交感神経と副交感神経）の働き

交感神経が優位 ↓ 緊張		副交感神経が優位 ↓ リラックス
拡　張	瞳　孔	収　縮
浅い・速い	呼　吸	深い・遅い
促　進	心　拍	緩徐
上　昇	血　圧	下　降
上　昇	血　糖	下　降
悪くなる	血液循環	よくなる
速　い	心　拍	遅　い
抑　制	肝臓・胃腸	促　進
抑　制	腎　臓	促　進
抑　制	内分泌系 （ホルモンの働き）	促　進
抑　制	消化器系	促　進
緊　張	筋　肉	弛緩
弛　緩	膀　胱	収　縮

2つの神経系は拮抗的に働いて、心身をコントロールしている

3-19
レース途中の水分補給や食事

　マラソンの中盤をすぎたあたりから筋肉に疲労が生じてくる。この疲労の発生を抑え、またできるだけ先のばしにするためにも、途中で水分や栄養を補給しよう。レースによって消費したエネルギーの補給には糖分が役立つが、どの糖分でも同じ効果を期待できるわけではない。

　糖分には、急速に疲労を回復させるが、効果が持続しにくい「グルコース」と、急速な回復は期待できないが、効果が持続しやすい「フルクトース」がある。レースの前半はフルクトースを摂取し、後半ではグルコースを摂取するなどし、走行距離と疲労の程度を考慮しながらドリンクなどもとるとよいだろう。レースのどの時点でどの糖分を補給するかが、レースの後半や勝負の行方を左右することもあるのだ。

　一方、走行中は物理的刺激やエネルギーの消費により、筋肉（筋タンパク質）の分解が起こる。そのときに、タンパク質を構成するアミノ酸の中でも特に、BCAA（分岐鎖アミノ酸：ロイシン、イソロイシン、バリン）を摂取すると、筋肉の分解が抑制され、合成が促進されることが知られている。

　近年は糖分やアミノ酸の効果を考慮して開発されたスポーツドリンクが、多数販売されている。顆粒タイプ、あるいは体内での消化・吸収が考慮されたゼリー状の製品を携帯して、レースにのぞむのも手だ。また、ゴールまでに時間（5時間以上）を要する場合は、さらに栄養の補給が必要になる。エイドステーションに準備されたご当地ならではの甘味類や軽食も、エネルギー源の補給手段として有効だ。

第3章 マラソンレースの科学

糖質、菓子のグリセミックインデックスの例

高 ↑

グリセミック
インデックス
高い
（80以上）

ブドウ糖
麦芽糖
ショ糖
はちみつ
シロップ
せんべい

グリセミック
インデックス
中等度
（60～85）

ジェリービーンズ
ドーナツ
ワッフル
コーラ
マフィン
クッキー
ポップコーン
ポテトチップス
アイスクリーム
チョコレート

グリセミック
インデックス
低い
（60以下）

バナナケーキ
スポンジケーキ
乳糖
果糖（フルクトース）

低 ↓

レース中にエネルギー源を補給する手段としては、体内に取りこまれやすい、グリセミックインデックスの高い菓子などが向いている。この値が高いほど、食後血糖値の上昇度が大きいと考えられている

157

スポーツドリンクの例

ポカリスエット ペットボトル（100mLあたり）
大塚製薬
- エネルギー：25kcal ●タンパク質：0g ●脂質：0g
- 炭水化物：6.2g ●ナトリウム：49mg ●カリウム：20mg ●カルシウム：2mg ●マグネシウム：0.6mg

エネルゲン（100mLあたり）
大塚製薬
- エネルギー：24kcal ●タンパク質：0g ●脂質：0g
- 炭水化物：5.5g ●ナトリウム：49mg ●カリウム：20mg ●カルシウム：2mg ●マグネシウム：0.6mg
- ビタミンC：100mg ●β-カロテン：0.6mg ●ビタミンE：0.2mg ●アルギニン：200mg ●クエン酸：380mg

アミノバリュー4000（100mLあたり）
大塚製薬
- エネルギー：18kcal ●タンパク質：1g ●脂質：0g
- 炭水化物：3.6g ●ナトリウム：49mg ●カリウム：20mg ●アミノ酸：1000mg（バリン200mg、ロイシン400mg、イソロイシン200mg、アルギニン200mg）
- クエン酸：450mg

アクエリアス（100mLあたり）
日本コカ・コーラ
- エネルギー：19kcal ●タンパク質：0g ●脂質：0g
- 炭水化物：4.7g ●ナトリウム：40mg ●カリウム：8mg ●マグネシウム1.2mg ●アミノ酸：27.5mg（ロイシン0.5mg、イソロイシン1mg、バリン1mg、アルギニン25mg）

ヴァームウォーター グレープフルーツ（100mLあたり）
明治
- エネルギー：0kcal ●タンパク質：0.3g ●脂質：0g
- 炭水化物：0.74g ●ナトリウム：40mg ●カリウム：12mg ●カルシウム：4.6mg ●マグネシウム：1.2mg
- アミノ酸：300mg

第3章 マラソンレースの科学

アミノバイタルGOLD 2000 ドリンク
（100mLあたり）
キリンビバレッジ・味の素
●エネルギー：13kcal ●タンパク質：0.37g ●脂質：0g ●炭水化物：2.8g ●ナトリウム：41mg ●リン：6mg ●カリウム：11mg ●アミノ酸：0.37g（ロイシン150mg、イソロイシン38mg、バリン40mg、他アミノ酸142mg）

アミノバイタル プロ（4.5gあたり）
味の素
●エネルギー：18kcal ●タンパク質：3.6g ●脂質：0.1g ●炭水化物：0.5g ●ナトリウム：0.83mg ●ビタミンA：148μg ●ビタミンB1：0.9mg ●ビタミン B2：0.7mg ●ビタミンB6：0.9mg ●ナイアシン：3.8mg ●パントテン酸：1.5mg ●ビタミンD：1.8μg ●ビタミンE：1.9mg ●アミノ酸：3.6g（ロイシン0.54g、イソロイシン0.43g、バリン0.36g、グルタミン0.65g、アルギニン0.61g、他アミノ酸1.01g）

ポカリスエット ゼリー（1袋180gあたり）
大塚製薬
●エネルギー：55kcal ●タンパク質：0g ●脂質：0g ●炭水化物：13.3g ●ナトリウム：93mg ●カリウム：36mg ●カルシウム：4mg ●マグネシウム：1mg

エネルゲン ゼリー（1袋200gあたり）
大塚製薬
●エネルギー：100kcal ●タンパク質：0g ●脂質：0g ●炭水化物：25.3g（糖質：24.7g、食物繊維：0.6g） ●食塩相当量：0.2g ●ビタミンB1：0.1mg ●ビタミンB2：0.4mg ●ビタミンB6：0.5mg ●ビタミンB12：0.8μg ●ナイアシン：5.7mg ●パントテン酸：1.7mg ●葉酸：67μg ●ビタミンC：200mg ●ビタミンE：0.4mg ●β-カロテン：1.2mg

アミノバイタル パーフェクト エネルギー（1袋130gあたり）
味の素
●エネルギー：180kcal ●タンパク質：5.0g ●脂質：0g ●炭水化物：41g ●ナトリウム：15.0mg ●アミノ酸：5.0g（アラニン：4.5g、プロリン：0.5g）

アミノバイタル SUPER SPORTS（100gあたり）
味の素
●エネルギー：100kcal ●タンパク質：3.0g ●脂質：0g ●炭水化物：24g ●ナトリウム：18mg ●アミノ酸：3.0g（ロイシン0.69g、イソロイシン0.56g、バリン0.47g、アルギニン0.86g、他アミノ酸0.42g） ●クエン酸：1200mg

159

3-20

ロードレースにおける坂の走り方

　条件の整ったトラックレースとは異なり、ロードレースに坂道はつきものだ。坂道を克服することで長距離走の疲労が軽減され、フィニッシュタイムものびるといっても過言ではないだろう。

　坂道には「上り」と「下り」の2種類がある。上りは、重力に逆らって自分の体をもち上げるエネルギーが必要になるので、脚筋力に無酸素運動の疲労が生じると同時に、心拍数が増加する。したがって、まずは、1歩ごとの着地エネルギーを大きくしなければならない。そして、上がってしまう心拍数に対処すること。この2点が上り坂を走る際のポイントである。

　着地エネルギーを大きくするために腕振りの力を使う方法がある。腕を下に下げ、後ろ方向に大きく振るのだ。そうすることで、鋭く力強い骨盤の動きが促され、着地エネルギーが大きくなる。

　心拍数のコントロールは「深呼吸」だ。上り坂の手前、上り坂を走っている途中、上り切った後など、あらゆる場面で深呼吸を繰り返し、足りなくなった酸素を脚筋へ供給することで対処できる。

　一方、下り坂は、重力を利用すれば力を使うことなく走ることができ、心拍数が上がることはない。しかし、着地の際、下に落ちているため、衝撃が平地より数倍大きくなり、大腿四頭筋に大きな負担がかかってしまう。下り坂を無理なスピードで走った後、太ももに力が入らなくなる経験は誰にでもあるだろう。対処法は一つ、できるだけブレーキをかけないよう、できるだけ体の重心の真下に着地することだ。また、大きすぎるストライドでは着地ブレーキがかかってしまうので、ストライド走法でなくピッチ走法にすることでリスクを回避しよう。

第3章 マラソンレースの科学

3-21
ラストスパートにもコツがある

　オリンピックや世界選手権、そして国内で行われるレースをテレビで見ると、鮮やかなラストスパートで勝負が決まる場面というのはとても印象的に思える。トップアスリートだけでなく市民ランナーでも「あの人に勝ちたい、負けたくない」という気持ちから、真剣な争いが繰り広げられるのではないだろうか。その真剣な争い、勝負に勝つための戦術の一つが、ラストスパートである。

　ラストスパートでまず大事なことは「どのタイミングでスパートするか？」である。ただし、後半になるといつもペースダウンしてしまうランナーであれば、ラストスパートを考えるよりも、まずは42.195kmという距離をペースダウンせずに走り切る走力を身につけることが先決であろう。全行程を一定のペースで我慢強く最後まで走り切ったほうが記録はよくなり、スパートせずとも勝負がついてしまうことも意外と多いのである。すなわち、スパートをしないというのも一つの戦術なのだ。

　42.195kmを走り切る走力がつき、レース後半になっても余力があり、そこにライバルがいる。そういう状況になってはじめて、レース終盤でのスパートを考える必要がでてくるのである。ここでは、ラストスパートのテクニックについていくつか考えてみよう。この考え方はマラソンだけでなく、それより短い距離のレースにも当てはまる。

第3章 マラソンレースの科学

　まずは、スパートからゴールまで失速せずに走れる距離を想像することからはじめる。自分の余力と残りの距離を概算し、ゴールまで走り切れる自信がもてるかどうかが大事なのである。またライバルを引き離したい場合は、相手の余力も観察しなければならない。相手のほうに余力がありそうなときは、早まってスパートすると相手もついてきてしまう。そのときは考えを切りかえ、ゴール間際まで並走し、ゴール直前でダッシュするほうがいいだろう。スパートするタイミングは自分の余力、相手の余力、ゴールまでの距離をよく考えて判断するのがポイントなのである。

　また、何度も同じレースにでてコースをよく知っている場合は、景色や建物など「あそこまで行ったらスパートする！」とあらかじめ目印を決めておくのも一つの作戦だ。決めておいた場所でスパートするように、ペースを考えて走ることができ、ライバルを気にしないで自分の走りに集中できるというメリットもある。

　次にスパートする際のランニングフォームだ。ストライドをのばすと筋肉のダメージが大きく、最後までもたない（スピードを維持できない）可能性がある。地面を強く蹴って脚の筋力にまかせて走るのではなく、腕振りをじゃっかん速めるように意識すると失速しにくい。

　最後に必要なのは、勇気だ。スパートのタイミングを判断したら、後は迷わず勇気をもってゴールまで駆け抜けよう。

3-22
タイムの壁を破る方法

　どんなレベルのランナーであれ、自己記録を更新することは大きな目標である。それを果たしたときは、体調やトレーニング状況、コース、気象条件などさまざまな要因がよい状態であったはず。ただその中で、自分でコントロールできるのは体調とトレーニング状況だけである。コースはあらかじめ決まっているものだし、気象条件も神のみぞ知る、である。

　自己記録を更新するためには、丁寧に根気強くトレーニングを積み重ねていくことが必須だ。最初はトレーニング量を増やすだけで記録ものびるものだが、慣れてくるとトレーニング量を増やすだけでは記録がのびなくなる。そうなると、トレーニングの質（内容）を考えなければならない。質を高めるには、心肺を刺激するような、速く走るトレーニングが必要である。また起伏に富んだコースを粘り強く走り、脚筋力を高めることも重要になる。

　ただし、ここで気をつけなければならないのが故障予防だ。特に体重が重めのランナーは、足首やひざの痛みに注意が必要になる。クッション性の高いシューズを履いたり、硬い路面ではなく芝や土道など、走路に気を配るとよいだろう。そして、ランナーによっては体形をかえる努力も必要になる。自己記録を更新するということは、走るための機能を今よりも向上させるということなのである。

　しかしトレーニングを積んだからといって、常に最良の状態でレースを迎えられるとは限らない。ベストコンディションで大会を迎えるのは、トップランナーでも難しいこと。だからこそ記録や順位にこだわるレースは、せいぜい年に1〜2回がいいところな

のだ。数少ないレースに調子を合わせることは至難のわざといえるのである。

　もし皆さんがレース当日にピークを合わせることができず、調子がよくないと感じたときはどうするか。大事なことは、好調不調にかかわらず「今日のベスト、今のベストをつくす！」という姿勢でいることである。よくない調子の中でも投げやりに走るのではなく、丁寧に粘り強く走るのである。きっと、自己記録更新はかなわなくても頑張り切ったという自信や達成感が味わえるはずだ。そしてそれは、必ず次のレースにはつながる。また、自己記録を更新するためには、目前のレースだけを考えるのではなく、月単位、さらには年単位といった中長期のスパンの中で計画を練り、違う距離のレースを複数プランニングするとよい。なによりじっくりと腰を据えて、体の変化を楽しむ心のゆとりをもつようにすることである。

3-23
クールダウンの重要性

　ランニングは、たとえゆっくりとしたジョギングであっても、心肺機能や筋肉に負荷をかける高負荷運動である。例えば、10km以上の距離をある程度のスピードで走ったとする。心拍数は170回／分くらいまで上がり、筋肉には疲労物質が蓄積して熱をもつ。また、酷使されたひざや足首、腰などの関節も、火照った状態がしばらくおさまらない。

　このように、ランニングの後は、下肢の関節や筋肉に少なからず炎症が起きている。筋疲労、炎症、高い心拍数の状態からクールダウンを行わず、いきなり運動をストップしてしまうと、疲労物質が筋肉中に残ったまま炎症も助長し、さらに、心臓や血管へ負担をかけてしまうことになるので注意したい。

　クールダウンではないが、似たようなケースとして、フルマラソンの後半に多くの市民ランナーが経験する例を紹介しておこう。

　例えば、30km地点をすぎてまさに疲労困憊の状態になったとき、トイレやエンドステーションなどで数分間程度しばらく立ち止まってしまったことがないだろうか。この状態では、下肢の筋肉がどんどん硬くなり、走りだそうとしても筋肉がうまく働かなくなる。同様に、レース後半、大腿四頭筋の疲れをとろうと、立ち止まって屈伸運動を試みたが、逆に立てなくなってしまうということがある。

　筋肉の疲労困憊時の急な運動停止は、異常な硬直を促してしまうという、体の反応の一つなのだ。これを防ぐには、ごくごく軽い負荷の「足踏み」でもいいので、筋肉を動かし続けることだ。具体的な方法はクールダウンの項（p.110参照）で述べているので、そちらを参考にしていただきたい。

心拍数を徐々に上げて徐々に下げる

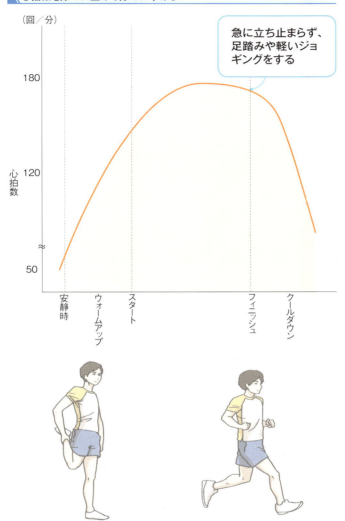

3-24

レース後のメンテナンスや食事

　ゴール後の体のメンテナンスは、その後の日常生活やランニングライフを快適に続けるうえでも必要だ。炎症を抑えるために冷水や氷、または湿布で筋肉を冷やすこと、またストレッチなどによって筋肉をほぐすことで、筋肉痛を軽減できる。

　また、ゴール後のエネルギー補給には、糖分が有効だ。特に、グリセミックインデックスの高い食品はエネルギーになりやすい。そして、長時間運動で分解された筋肉を補修するために、アミノ酸も摂取しておきたい。良質のタンパク質やBCAAを含む赤い肉や魚、例えばマグロの赤身や牛肉などが該当する。レース後は、内臓の働きが低下しているため、消化・吸収されやすい食品を選ぶとよいだろう。できれば、調理にも一工夫を。同じ食品であっても、煮たりゆでたり、炊きこんだりして柔らかくした料理は、硬い食品と比べて消化・吸収されやすく、エネルギーになりやすくなる。

　なお、レース後に打ち上げ、または反省会などと称して、アルコールを摂取する機会もあるだろう。アルコールを分解し、吸収する働きをもつ肝臓は、食事から摂取した糖分をエネルギー源（グリコーゲン）として貯蔵し、必要なときに利用するなど多様な機能を担っている。肝臓の機能がすぐれていることは、ランナーの素質の一つでもあるため、アルコールに強いランナーも多いようだ。しかし、レース後、特に疲労があるときは肝臓の働きが低下しているため、摂取量や飲酒のスピードによっては、肝臓に大きな負担をかけることになる。特に一気飲みには注意が必要だ。また、アルコールの種類によってエネルギーや栄養成分が異なることを、頭に入れておくとよいだろう（右頁表参照）。

第3章 マラソンレースの科学

食品のグリセミックインデックス

	穀類	乳・乳製品	いも・豆類	野菜・果物	砂糖・菓子
高 グリセミックインデックス 85以上	フランスパン 食パン コーンフレーク もち		マッシュポテト ベイクドポテト ゆでじゃがいも	にんじん スイートコーン レーズン	ブドウ糖 麦芽糖 ショ糖 はちみつ シロップ せんべい
グリセミックインデックス 60~79	めし(精白米) スパゲティー 全粒粉パン ピザ ライ麦パン クロワッサン ロールパン		フライドポテト 焼きさつまいも	かぼちゃ ゆでグリーンピース ゆでとうもろこし すいか ぶどう オレンジ パイナップル	ジェリービーンズ ドーナツ コーラ クッキー ポテトチップス アイスクリーム チョコレート ワッフル
低 グリセミックインデックス 60以下	めし(玄米) オールブラン(シリアル)	牛乳 スキムミルク 低糖ヨーグルト	大部分の豆類 ピーナッツ	りんご グレープフルーツ あんず 洋なし さくらんぼ もも プラム	バナナケーキ スポンジケーキ 乳糖 果糖

さまざまな飲み物のエネルギーと栄養成分(100gあたり)

食品名	エネルギー(kcal)	たんぱく質(g)	脂質(g)	炭水化物(g)	ナトリウム(mg)	カリウム(mg)	カルシウム(mg)	マグネシウム(mg)	リン(mg)	鉄(mg)
ウイスキー	237	0	0	0	2	1	0	0	—	—
ビール(淡色)	40	0.3	—	3.1	3	34	3	7	15	—
ビール(黒)	46	0.4	—	3.6	3	55	3	10	33	0.1
ビール(スタウト)	63	0.5	—	4.9	4	65	3	14	43	0.1
発泡酒	45	0.1	0	3.6	1	13	4	4	8	0
ワイン(白)	73	0.1	—	2.0	3	60	8	7	12	0.3
ワイン(赤)	73	0.2	—	1.5	2	110	7	9	13	0.4
ワイン(ロゼ)	77	0.1	—	4.0	4	60	10	7	10	0.4
梅酒	156	0.1	—	20.7	4	39	1	2	3	—
清酒(純米酒)	103	0.4	—	3.6	4	5	3	1	9	0.1
スポーツドリンク	21	0	—	5.1	31	26	8	3	0	—

出典:文部科学省「日本食品標準成分表2015年版(七訂)」をもとに構成

コラム

マラソントリビア

1
最新式のストップウォッチ

　腕時計式のストップウォッチが普及してから、ランニングシーンは大きくかわった。タイムキーパーがいなくても、自分自身で客観的にペースがわかるようになった。その後、著しいITの進歩により、ランニング用機器は日進月歩で変容し続けている。

　現在の主流は、さまざまなデータを腕時計だけで管理できるようになったマルチモデルだ。表示できるのは、時間だけでなくGPS信号を利用した距離や走行ペース、気圧計を活用した走行コースの高低差データ、脈拍センサーによって予測された心拍数や運動負荷に関する情報など。加速度計を利用してランニングエコノミーやランニングフォームがチェックできる機種もあり、管理できるデータは多岐にわたっている。

　なお、腕時計ではないが、イヤフォン型のマラソン支援デバイス・アイテムも増えている。こちらは、なんといっても音楽を聴きながら走れるのが魅力だ。製品によって、GPS機能の有無、脈拍センサーの有無、単体での音楽再生が可能か否かなどが異なるので、こちらも、利用を検討する場合は詳細を確認してほしい。

　また、GPS機能をスマートフォンと連携させることにより、ランニングログ(練習日誌)としてグラフまで簡単に作成できるものも珍しくない。SNS(FacebookやTwitterなど)でつながった知り合いとお互いのデータを閲覧・比較できるサービスまで存在する。これからは、さらに多くの身体データが取得できるような時代になることが予想される。血圧、心電図などのデータまで管理できるようになれば、ランニング中の心肺停止などの事故を防ぐだけでなく、運動と健康管理が同時並行で実現できる時代になるだろう。

コラム　マラソントリビア

ForeAthlete630J
ガーミン

ランニング用GPSウォッチ。心拍数管理機能はもちろん、LT値や最大酸素摂取量を把握するための機能も用意されている。スマートフォン連携も可能。実勢価格45,000円前後（2016年11月時点）

vivosmart J HR+
ガーミン

心拍計測機能やGPSが活用できる、日常記録向けのモデル。週間運動量計測と上昇階数カウントなどができ、スマートフォン連携も可能。実勢価格25,000円前後（2016年11月時点）

Smart B-Trainer™ スポーツデバイス「SSE-BTR1」
ソニー

心拍計機能やGPS、加速度、気圧などのセンサーが搭載されており、トレーニングメニューの利用や約3900曲のMP3（128kbps）保存が可能。スマートフォン連携にも対応。カラーは6色、直販価格24,710円（2016年12月時点）

173

2

結局、かかと？ つま先？ 足裏全体？

　着地は、ジャンプの連続運動であるランニングにおいて、最も大切な動作ポイントである。正しい着地ができれば、地面から反作用をもらって前に進む（ジャンプする）ことができる。
「かかと、フォアフット（つま先）、フラット（足裏全体）の三つのうち、どれが正しい着地か」という議論はずっと以前から行われてきた。結論からいうと、どれが正しいということはない。ランニングシーンやランニングスキル、履いているシューズによって異なるということだ。ただし、どんな着地でも、ブレーキになってはいけない。これは、共通の課題である。

　長距離種目を牽引（けんいん）するアフリカ出身の選手たちはフォアフット着地が多い。また、短距離走のような無酸素スピード走の場合もフォアフットになる。フォアフットの特徴は、ブレーキがかかることなく、足首のバネも使えるので大きなストライドが生みだせ、スピードがでること。しかし、慣れていないランナーが無理にこのスタイルで走ろうとすると、アキレス腱や足首を痛めてしまうので危険だ。

　かかと着地は、ゆっくり走る初心者ランナーが、比較的クッション性のあるシューズを履いている場合に行う着地である。安定性がある半面、ブレーキをかけるリスクが高くなるので、できるだけ重心の真下への着地を心がけることが大切だ。

　フラット着地は、フォアフットでもかかとでもなく、足裏全体で地面をとらえる着地法である。フォアフットとかかとのマイナス面を回避できるが、初心者にはやや難しいだろう。フラット着地傾向になると、接地時間が短くなり、ストライドを大きくするだけでなくピッチを高めることもできる。

コラム　マラソントリビア

かかと着地

フォアフット着地

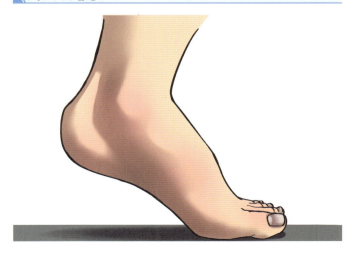

3

なぜ長距離走を体育の授業で学ばせるのか

　小学校から大学まで、保健体育あるいは体育に関連した授業や講義が、カリキュラムに組みこまれている。その中で小学校期から中学校期にかけての体育授業の目標には「運動に親しむ資質や能力を育てる」「健康の保持増進のための実践力の育成と体力の向上をはかる」という内容が見られる。つまり、発育・発達にある子どもたちにどのような運動を適切に処方していくのか、大きな課題を背負っているのが体育の授業なのである。

　発育・発達の観点からすると、身長の年間発育量が大きいのは小学校高学年から中学校にかけてである。この時期は骨がのび、筋肉も長くなる。そのため筋力トレーニングは不向きとされる。かわりではないが、持久走の記録が向上しはじめる小学校高学年から中学校期にかけては、持久力を養うことが望ましい。

　ところが学習指導要領には「長距離走」という種目は登場しない。学校単位での裁量にまかされているのが実情だ。長距離走を行う学校もあれば、サッカーやバスケットボールなどにかえて持久力を養うクラスもある。

　子どもの長距離走は、無理なのか。小学生がマラソンを完走したというニュースをときどき目にする。すなわち、やり方を工夫すれば長距離走は可能である。気をつけなければならないのは、体だけでなく心のスタミナにも配慮すること。長い距離、長い時間走ることに気持ちが慣れていなければ、子どもにとって長距離走は苦痛なだけである。また過度なトレーニングは発育・発達の途上にある子どもにとってストレスになりうる。大人目線ではなく、子ども目線で長距離走に親しませることが大事である。

コラム　マラソントリビア

成長期の年齢と体力要素の関係

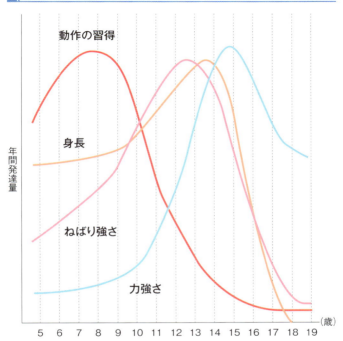

この図は、アメリカの医学者・人類学者であるスキャモンが1930年ごろに発表した「発育発達曲線」をアレンジしたもの。もとはスキャモンのアイデアによって、子どもの器官の系統別に作画されたものだが、スポーツ育成を考える際の目安として現在も使われている。特に成長過程にある子どもは、発育期によって刺激される体力要素が異なるのは確か。年齢によって、どの体力要素を刺激するのか、大人は考えながら子どものトレーニングを見守る必要がある

出典：宮下充正ほか『子どものスポーツ医学』(南江堂、1987年)をもとに構成

4
駅伝競走について

　駅伝競走は日本で独自に考案された陸上競技・長距離種目の一つである。英語の「EKIDEN」表記も通用するが、海外で実際に駅伝が行われているわけではない。

　駅伝の歴史は古く、1917年に東海道駅伝徒歩競走が、そしてその約3年後に第1回東京箱根間大学駅伝競走（箱根駅伝）が開催されてから90年以上たつ。

　箱根駅伝のように、1区間20km以上の距離を10区間でつなぐ総全長が200km以上の駅伝から、ハーフマラソンの距離を5区間でつなぐ女子高校駅伝、中学駅伝、市町対抗駅伝まで、全国の各地域で、そして、幅広い年齢層において、駅伝は行われている。今や、国民的スポーツといっても過言ではないだろう。

　最近は、市民ランナーが中心となって実施するリレーマラソンも行われるようになり、駅伝形式を活用したさまざまなランニングイベントが考案されるようになった。例年、10〜3月がシーズンであり、日曜日や祝日に開催されることが多い。

　なお、駅伝競走の区間やコース、距離に特定のルールはない。駅伝レースの主催者は自由な発想で大会をつくることができる。しかし、左側走行といったロードレース競技のルール、日本古来の襷をつないでいく独特の方式に沿うことは、駅伝競走のルール（日本陸上競技連盟規則）で決められている。なお舞台となる道路が使える時間に制限があるため、遅れが大きいチームの場合、前の走者の中継所到着を待たずに、予備の襷をかけて出発する「繰り上げスタート」が見られるときもある。

　駅伝競走は、個人ではなく、あくまでチーム対抗となる。その

ため、参加する選手はもちろんのこと、チームが所属する組織（学校、会社、地域など）が一体となって応援し、順位やレース展開を楽しめるという意味では、団体戦の球技に似ているかもしれない。

近年、箱根駅伝における応援や報道の過熱に象徴されるように、駅伝の人気はますます高まっている。そのため、陸上競技本来の、個人がオリンピックなどを目指す国際競技力の向上とは別のモチベーションで長距離にとり組む選手が増えてきた。

目標が「オリンピック」ではなく「駅伝選手」という若者も珍しくないのだ。一方で、1区間あたりの距離が比較的短く、手軽にできるレクリエーションとして参加できるため、初心者の心理的ハードルは低い。駅伝競技はさまざまな形で今後も発展していくだろう。

駅伝の碑

1917年に3日間、京都－東京間の508km、23区間で開催された東海道駅伝徒歩競走が、日本で最初の駅伝といわれている。写真は東京都台東区にある碑だが、京都府の三条大橋にも同じものがある

2016年の箱根駅伝復路、富士山を背に独走する下田裕太さん（青山学院大学）。この8区は、戸塚中継所手前の坂など難所がある区間として知られる。なおこの年、同大学は開催の2日間、最初から最後まで先頭をほかに譲らない完全優勝を成し遂げた
写真提供：時事

コラム　マラソントリビア

開催が見込まれている大会の例

*2016年12月現在の情報で、変更の可能性がある。エントリー締切などは別途設定されている

2017年1月

- 1/1　元旦初走り多摩川堤健康マラソン大会（東京）
- 1/1　越谷市元旦マラソン大会（埼玉）
- 1/3　新春矢作川マラソン大会（愛知）
- 1/8　ハイテクハーフマラソン（東京）
- 1/15　東京・赤羽ハーフマラソン（東京）
- 1/22　湘南藤沢市民マラソン（神奈川）
- 1/29　勝田全国マラソン（茨城）
- 1/29　館山若潮マラソン（千葉）
- 1/29　新宿シティハーフマラソン（東京）

2017年2月

- 2/4～　紀州口熊野マラソン（和歌山）
- 2/4～　香川丸亀国際ハーフマラソン大会（香川）
- 2/5　守谷ハーフマラソン（茨城）
- 2/5　別府大分毎日マラソン大会（大分）
- 2/12　いわきサンシャインマラソン（福島）
- 2/12　愛媛マラソン（愛媛）
- 2/19　青梅マラソン（東京）
- 2/19　京都マラソン（京都）
- 2/19　泉州国際市民マラソン（大阪）
- 2/19　海部川風流マラソン（徳島）
- 2/19　高知龍馬マラソン（高知）
- 2/19　北九州マラソン（福岡）
- 2/19　熊本城マラソン（熊本）
- 2/19　おきなわマラソン（沖縄）
- 2/26　東京マラソン（東京）
- 2/26　世界遺産姫路城マラソン（兵庫）

2017年3月

- 3/5　静岡マラソン（静岡）
- 3/5　びわ湖毎日マラソン大会（滋賀）
- 3/5　篠山ABCマラソン大会（兵庫）
- 3/5　鹿児島マラソン（鹿児島）
- 3/12　サンスポ古河はなももマラソン（茨城）
- 3/12　かつしかふれあいRUNフェスタ（東京）
- 3/12　能登和倉万葉の里マラソン（石川）
- 3/12　名古屋ウィメンズマラソン（愛知）
- 3/19　板橋Cityマラソン（東京）
- 3/26　佐倉朝日健康マラソン（千葉）
- 3/26　練馬こぶしハーフマラソン（東京）
- 3/26　とくしまマラソン（徳島）

2017年4月

- 4/9　本庄早稲田の杜クロスカントリー＆ハーフマラソン大会（埼玉）
- 4/16　長野マラソン（長野）
- 4/16　かすみがうらマラソン（茨城）
- 4/23　前橋・渋川シティマラソン（群馬）
- 4/23　チャレンジ富士五湖ウルトラマラソン（山梨）
- 4/23　ぎふ清流ハーフマラソン（岐阜）
- 4/30　魚津しんきろうマラソン（富山）

2017年5～6月（日程未定分含む）

- 山口100萩往還マラニック大会（山口）
- 四国せいよ朝霧湖マラソン大会（愛媛）
- 信州なかがわハーフマラソン（長野）
- 鹿沼さつきマラソン（栃木）
- 仙台国際ハーフマラソン大会（宮城）
- 柏崎潮風マラソン（新潟）
- 洞爺湖マラソン（北海道）
- 軽井沢ハーフマラソン（長野）
- 星の郷八ヶ岳野辺山高原100kmウルトラマラソン（長野）
- 黒部名水マラソン（富山）
- 飛騨高山ウルトラマラソン（岐阜）
- 富里スイカロードレース（千葉）

過去に開催・予定された大会の例

2016年夏

- 7/2　美ヶ原トレイルラン&ウォーク in ながわ（長野）
- 7/3　東和ロードレース（福島）
- 7/3　嬬恋高原キャベツマラソン（群馬）
- 7/3　北丹沢12時間山岳耐久レース（神奈川）
- 7/16〜　おんたけウルトラトレイル100K（長野）
- 7/17　小布施見にマラソン（長野）
- 7/22　富士登山競走（山梨）
- 8/5〜　富士山頂往復マラニック（静岡）
- 8/7　日光杉並木マラソン大会（栃木）
- 8/28　北海道マラソン（北海道）
- 8/28　伊達ももの里マラソン（福島）
- 8/28　火祭りロードレース（山梨）
- 8/28　夢高原かっとび伊吹（滋賀）

2016年秋

- 9/4　草津温泉熱湯マラソン（群馬）
- 9/18　歴史街道丹後100kmウルトラマラソン（京都）
- 9/23〜　ウルトラトレイル・マウントフジ（静岡、山梨）
- 9/25　オホーツク網走マラソン（北海道）
- 9/25　越後湯沢秋桜ハーフマラソン（新潟）
- 9/25　信州駒ヶ根ハーフマラソン（長野）
- 9/25　村岡ダブルフルウルトラランニング（兵庫）
- 10/2　札幌マラソン（北海道）
- 10/2　山形まるごとマラソン（山形）
- 10/9　あざいお市マラソン（滋賀）
- 10/16　タートルマラソン国際大会（東京）
- 10/16　鈴鹿山麓かもしかハーフマラソン（三重）
- 10/23　金沢マラソン（石川）
- 10/30　水戸黄門漫遊マラソン（茨城）
- 10/30　手賀沼エコマラソン（千葉）
- 10/30　しまだ大井川マラソン in リバティ（静岡）
- 10/30　富山マラソン（富山）
- 10/30　大阪マラソン（大阪）
- 11/3　ぐんまマラソン（群馬）
- 11/6　下関海響マラソン（山口）
- 11/13　いわい将門ハーフマラソン大会（茨城）
- 11/13　いびがわマラソン大会（岐阜）
- 11/13　赤穂シティマラソン（兵庫）
- 11/13　福岡マラソン（福岡）
- 11/20　つくばマラソン（茨城）
- 11/20　川崎国際多摩川マラソン（神奈川）
- 11/20　神戸マラソン（兵庫）
- 11/23　大田原マラソン（栃木）
- 11/27　小江戸川越ハーフマラソン（埼玉）

2016年年末（2016年12月現在の予定）

- 12/4　湘南国際マラソン（神奈川）
- 12/4　福岡マラソン（福岡）
- 12/4　NAHAマラソン（沖縄）
- 12/10〜　奈良マラソン（奈良）
- 12/11　小川和紙マラソン大会（埼玉）
- 12/11　袋井クラウンメロンマラソン in ECOPA（静岡）
- 12/11　青島太平洋マラソン（宮崎）
- 12/11　JALホノルルマラソン（ハワイ）
- 12/18　はが路ふれあいマラソン（栃木）
- 12/18　防府読売マラソン大会（山口）
- 12/23　足立フレンドリーマラソン（東京）
- 12/23　加古川マラソン大会（兵庫）

索　引

英

ATP	30
AT 値	44
GPS	64、100、172
LSD	44、46、62、79、80、91、92、98、102、104、126
LT 値	82、130、142、173
VDOT	142

あ

アイシング	110、112
アミノ酸	156、168
アルコール	168
イーブンペース	133、140、147
インターバル	44、66、70、72、76、79、104
インナーマッスル	60、108
ウィンドスプリント	70、108
ウェーブスタート	122
ウォーミングアップ	26、60、72、76、108、110、116、130
腕振り	25、48、56、60、150、152、154、160、163
運動強度	55、104
運動野（脳）	40
エイドステーション	92、134、148、150、156
駅伝競走	178
エントリー	122、124、135
オーバーペース	96、105、108、132、146、150
オーバーユース	114、116
オリンピック	19、33、36、73、96、102、112、120、138、142、162、179

か

かかと着地	50、174
カルボーネン法	105
キプチョゲ（エリウド）	36
キメット（デニス・キプルト）	35
期分け	98、100
筋スパズム	112
クールダウン	106、110、116、166
下り坂	69、74、96、148、160
グリコーゲン	28、30、80、128、146、168
グリセミックインデックス	157、168
クロスカントリー	44、69、78
腱	78、107、108、114、116、174
肩甲骨	59、60、154

さ

最大酸素摂取量	142、173
最大心拍数	70、82、104
ザトペック（エミール）	72
サブスリー	66、127、128、136、142
サブフォー	64、98、102、126、128、137、146
酸素摂取	25、26、55、62、142、173
失格	134
重心	50、52、56、58、150、160、174
シューズ	50、116、136、164、174
集団	69、150、152
心肺機能	26、70、72、74、76、166
す～、す～、はく、はく	46、54
スタミナ	44、132、176
ストップウォッチ	64、172
ストライド	24、48、50、57、60、66、149、150、160、163、174
ストレッチ	54、106、108、110、116、130、168
スパルタスロン	38
セカンドウィンド	26
瀬古利彦	25

た

体幹	56、58、60、108、154
体脂肪	29、80、84、146
大腿四頭筋	110、112、160、166
ダッシュ	66、70、74、98、102、163
ダニエルズ（ジャック）	142
中間走	148
中臀筋	58
腸腰筋	60
低体温	136
デッドポイント	26
トイレ	92、130、134、144、146、166
トラックレース	68、120、160
ドリコス	33
ドリンク	144、156、169
トレイルランニング	38、44、79、120

な

乳酸値	82
猫ひろし	25
野口みずき	24
上り坂	66、69、70、74、96、148、160

は

箱根駅伝	33、58、76、178
バニスター（ロジャー）	33
ピーキング	98、102
ピッチ	24、48、54、57、60、66、74、148、150、160、174
ファルトレク	44、69、79
フォアフット	50、174
不整地	41、78
ブレーキ	50、57、75、148、160、174
ペース走	44、62、64、71、92、98、102、104、126
ボルト（ウサイン）	18

ら

ラストスパート	132、162
ランニング障害	114、116
リレーマラソン	178
レペティション	44、70、76
ロードレース	38、120、134、150、152、160、178

力学と解剖学で技を分析!

格闘技の科学

吉福康郎

好評発売中

本体
952円

「空手の突きとボクシングのストレートの違いは?」「空手の前蹴りとムエタイの前蹴りの違いは?」「なぜ体の小さな柔道選手が大きな相手を投げ飛ばせるの?」── こんな疑問をもったことはありませんか? 本書では、さまざまな格闘技の技を分析し、その威力の秘密に迫ります。

第1章　打撃の科学	第5章　防御の科学
第2章　突き・パンチの科学	第6章　稽古・練習の科学
第3章　蹴り・キックの科学	第7章　武器・実戦の科学
第4章　つかみ・投げ・極めの科学	第8章　気の科学

理屈がわかればどんどんうまくなる！

カラー図解でわかる
科学的ゴルフの極意

大槻義彦

好評発売中

本体 952円

ゴルフ歴十数年でも、「なかなかうまくならない…」と悩んでいるゴルファーは意外に多いはず。本書は、嘘かホントかわからない怪しげなアドバイスではなく、科学的に100％正しい「ゴルフ上達の極意」を、カラーの図版を使ってわかりやすく解説していきます。極意を体得することで、誰でも一直線に上達の道を突き進める、全ゴルファー必携の指南書をご一読あれ！

第1章	飛ばすための極意	第4章	パッティングの極意
第2章	フェアウェイウッドの極意	第5章	クラブの特性と打球の極意
第3章	アイアンの極意		

一直線にうまくなるための極意

上達の技術

児玉光雄

好評発売中

本体
952円

「うまくなりたい」「できるようになりたい」という切実な思いをもったことがない人は、おそらくいないでしょう。部活動で、受験勉強で、ゴルフで、英語で、仕事で…。しかし、なかなか思うような結果がだせない自分にくやしい思いをした人も多いはず。でも、それはあなたに才能がないからではありません。伸び悩むのは「努力の仕方」が間違っているからです。本書では、上達するための「正しい努力の仕方」を解説します。

第1章　最高の実力をだす技術	第5章　記憶の達人になる技術
第2章　結果をだせる練習の技術	第6章　高いやる気を発揮する技術
第3章　勝負強くなる技術	第7章　打たれ強くなる技術
第4章　集中力を高める技術	第8章　創造性を発揮する技術

力と運動、仕事とエネルギーの関係が基礎から図解でスッキリわかる!

カラー図解でわかる 力学「超」入門

小峯龍男

好評発売中

本体 1,000円

本書はニュートン力学を中心に、「力」や「エネルギー」「仕事」「運動」などの基本的なことを図解を使って説明します。力学は物理の入り口でありながら、物理の土台となる分野です。力学を「道具」として使いこなせるようになると、学問だけでなく仕事や日常生活でも、いろいろ応用できるようになるでしょう。それだけ身近で親しみやすい力学なので、ぜひ本書を読破して、その「使える力」を手に入れてほしいと思います。

第1章　力学はじめの一歩	第4章　仕事とエネルギー
第2章　物体の運動	第5章　運動量と力積
第3章　力と運動	

知っておきたい96のしくみとはたらき
カラダを大切にしたくなる人体図鑑

竹内修二

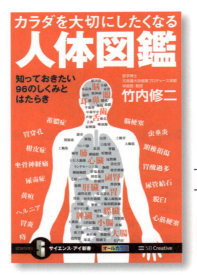

好評発売中

本体 1,000円

人間のカラダは複雑です。さまざまな臓器や器官が入り組み、連携しながら人体は成り立っています。それらのしくみやはたらきは多種多様。すべてを知ろうとすることは無謀でしょう。本書は最低限知っておくべきカラダのしくみとはたらきを厳選し、わかりやすい図とともに解説します。常に手元に置いておきたい、もっとも簡潔明瞭なポケット医学ガイドです。

第1章 腹部
第2章 骨盤部
第3章 心臓や肺を入れている胸部
第4章 頭と顔、そして頸
第5章 四肢
第6章 人の体の概要・系統(器官系)

サイエンス・アイ新書 発刊のことば

「科学の世紀」の羅針盤

　20世紀に生まれた広域ネットワークとコンピュータサイエンスによって、科学技術は目を見張るほど発展し、高度情報化社会が訪れました。いまや科学は私たちの暮らしに身近なものとなり、それなくしては成り立たないほど強い影響力を持っているといえるでしょう。

　『サイエンス・アイ新書』は、この「科学の世紀」と呼ぶにふさわしい21世紀の羅針盤を目指して創刊しました。情報通信と科学分野における革新的な発明や発見を誰にでも理解できるように、基本の原理や仕組みのところから図解を交えてわかりやすく解説します。科学技術に関心のある高校生や大学生、社会人にとって、サイエンス・アイ新書は科学的な視点で物事をとらえる機会になるだけでなく、論理的な思考法を学ぶ機会にもなることでしょう。もちろん、宇宙の歴史から生物の遺伝子の働きまで、複雑な自然科学の謎も単純な法則で明快に理解できるようになります。

　一般教養を高めることはもちろん、科学の世界へ飛び立つためのガイドとしてサイエンス・アイ新書シリーズを役立てていただければ、それに勝る喜びはありません。21世紀を賢く生きるための科学の力をサイエンス・アイ新書で培っていただけると信じています。

2006年10月

※サイエンス・アイ（Science i）は、21世紀の科学を支える情報（Information）、
知識（Intelligence）、革新（Innovation）を表現する「i」からネーミングされています。

SB Creative

サイエンス・アイ新書
SIS-372

http://sciencei.sbcr.jp/

正しいマラソン
どうすれば走り続けられるか？
タイムを縮めるロジックとは？

2017年1月25日　初版第1刷発行

編著者	金 哲彦
著　者	山本正彦、河合美香、山下佐知子
発行者	小川 淳
発行所	SBクリエイティブ株式会社
	〒106-0032　東京都港区六本木2-4-5
	電話：03(5549)1201（営業部）
装丁・組版	株式会社エストール
印刷・製本	株式会社シナノ パブリッシング プレス

乱丁・落丁本が万が一ございましたら、小社営業部まで着払いにてご送付ください。送料小社負担にてお取り替え致します。本書の内容の一部あるいは全部を無断で複写（コピー）することは、かたくお断りいたします。本書内容に関するご質問等は、小社科学書籍編集部まで必ず書面にてご連絡いただきますようお願い申し上げます。

©金 哲彦 2017　Printed in Japan　ISBN 978-4-7973-8438-3